HENRI DE NOUSSANNE

Il nous reste à nous vaincre !

Cognitio rei per causam.
Saint Thomas.

PARIS

E. DE BOCCARD, ÉDITEUR

Successeur de **FONTEMOING & Cⁱᵉ,**

1, RUE DE MÉDICIS, 1

1919

Il nous reste
à nous vaincre!

OUVRAGES DU MÊME AUTEUR

A la Librairie E. de BOCCARD :

Journal d'un Bourgeois de Senlis, un
vol. in-16 . . . . 4 fr. 55

Chez divers Éditeurs :

LITTÉRATURE, POLITIQUE, VOYAGES : *Paris sous
Louis XVI et Paris aujourd'hui. — Le goût
dans l'Art et l'Ameublement. — Des Faits,
des Hommes, des Idées. — Le véritable Guil-
laume II. — Les Grands Naufrages, drames
de la mer. — Voyage en Russie. — Voyage
en Écosse. — Pélerinage au pays de Jeanne
d'Arc.*

ROMANS : *Jasmin Robba. — Le Château des
Merveilles. — Robert Villon. — Le Joyeux
Rajah de Ramador. — Sous l'aile de l'Aigle.
— Roman pour ma Fiancée. — Un Jeune
Homme chaste. — L'Aéroplane sur la Cathé-
drale. — La Dame de Potsdam. — Un Foyer,
un Pays, un Ciel.*

HENRI DE NOUSSANNE

Il nous reste à nous vaincre !

Cognitio rei per causam.
SAINT THOMAS (citant Aristote).

PARIS

E. de BOCCARD, ÉDITEUR

Succⁱ de FONTEMOING & Cⁱᵉ,

1, RUE DE MÉDICIS, 1

1919

Il nous reste à nous vaincre !

I

Préliminaire.

Un âge arrive dans la vie où, si entreprenants que nous ayons pu être, nous sommes las des entreprises. Après tant d'aventures dont aucune, parfois, ne nous retint, nous n'éprouvons plus cette curiosité qui est le piment de vivre, et nous sommes détachés de beaucoup de choses pour en avoir connu la vanité.

Vers quoi tendons-nous alors, quand, par bonheur, nous pouvons jouir librement de la famille, et y trouver un abri contre la société ?

Nous tendons vers cette force de la solitude qui développe l'indépendance de l'esprit. Notre jugement s'y établit sans croire aux masques de l'ambition. Notre main les dénoue tranquillement, et nous ne sommes ni surpris, ni indignés des calculs et des passions qu'ils cachaient. Tout au plus éprouvons-nous quelque tristesse de la misère de l'homme, constatée en d'autres qu'en nous-mêmes, et quelque confusion d'avoir cru, nous aussi, plus jeunes, à des vérités qui n'étaient que des erreurs; des perfections, que des médiocrités.

Notre plus vive déconvenue, peut-être, est de juger trop tardivement que notre époque fut transitoire et désordonnée, incapable de distinguer entre le bon et le pire, et soumise aux mensonges de l'intrigue et de la superstition. Pour grands que soient les mérites de certains de nos contemporains, nous souffrons de découvrir que, dans son ensemble, notre siècle est pauvre et tourmenté. Notre méditation veut savoir quels furent exactement ses faiblesses et ses maux, leurs causes et leurs effets. Elle se flatte de l'illusion d'en combattre le retour...

II

Toute la question sociale est d'accorder la Société et la Nature.

I

Tous nos maux, dans l'ordre social viennent du fait que nous ne sommes pas en République, car, de nos jours, la République ne peut sortir que du suffrage universel. Or, n'ayant qu'une caricature de suffrage universel, nous ne pouvons avoir qu'une caricature de République.

II

Peut-on établir la République en France?

Ce n'est pas impossible. Il suffirait qu'il y eût assez de républicains.

III

Le républicain est un homme capable de subordonner l'intérêt particulier à l'intérêt général. Il vit en paix avec ses voisins et ne les hait point, parce qu'il leur plaît d'aller à l'église, au temple ou à la synagogue, et de lire des journaux qui ne sont pas les siens. A défaut d'instruction, le républicain a autant de bon sens que de patriotisme. C'est un être exceptionnel.

IV

La République, en France, n'existe que de nom. Elle est le mot sans la chose. Pour la fonder, il faudrait que nous eûssions conscience du devoir national et du danger de s'y dérober. Le devoir national tient tout dans ce mot : « Union. »

V

Notre union paraît exiger des circonstances extraordinaires, telles la guerre. Nous pouvons alors nous sauver, parce que nous ne raisonnons plus : nous obéissons à l'instinct de conservation. Nous sommes désunis, dans la paix, parce que nous raisonnons, chacun suivant son journal, sa coterie, ses intérêts ou le temps qu'il fait. Est-ce bien raisonner, et pouvons-nous changer ?

VI

Les leçons ne nous ont pas manqué. Nous devrions savoir qu'après trois quarts de siècle vécus au cri de « Pas d'abstention ! Aux Urnes ! » nous n'avons pas le suffrage universel, et qu'après environ cinquante ans passés d'un trait sous l'égide de la Liberté, de l'Egalité, de la Fraternité, en essais électoraux, massacres de cabinets, orgies de discours et de lois, nous n'avons pas le régime parlementaire. Si nous persistons dans nos errements, nous finirons par disparaître, après quelques convulsions héroïques, dernier effet du sang des aïeux.

VII

L'Histoire établit que les hommes sont passagèrement perfectibles. Ils sont capables d'aller du mal au bien, de l'erreur à la vérité. Pourquoi ne finirions-nous point par nous apercevoir que, pour faire une République, il faut des républicains?

VIII

Nous avons été royalistes pendant une longue période, puis, occasionnellement, impérialistes. Après quoi, nous nous sommes débattus entre les temps qui furent et les temps qui seront.

IX

L'homme est ordinairement au-delà ou en deçà de ce qu'il est et de ce qui est. On a vu, pourtant, l'expérience des faits lui ouvrir les yeux sur lui-même et sur les réalités de son temps. Qui dit que la réalisation d'une République réelle et supportable n'a pas dû être précédée d'une série d'essais plus ou moins désastreux, et que chaque défaillance n'a pas contribué à préparer entre les Français l'heureux avènement d'un régime de plus de justice et d'amour que l'Empire et la Monarchie ?

X

Certains d'entre nous, peu portés à

l'optimisme, s'émeuvent des réminiscen-
ces historiques et des déductions dogma-
tiques d'hommes de talent et de courage,
retirés de la véritable vie de la nation par
dégoût de ses exploiteurs, et qui démon-
trent impérativement que la France ne
peut vivre sans roi, et que le plus sage,
le plus vertueux, le plus éminent des rois,
doit sortir nécessairement des raisons
raisonnantes qui prouvent que la Répu-
plique est un mauvais gouvernement.

XI

Le moindre inconvénient de la Monarchie orléaniste serait de ressusciter la Lé-
gitimité et l'Empire, de parer de mérites
le fantôme pervers de République dont
nous sommes affligés, et de nous ramener
à la guerre civile. M. de Chateaubriand
sortirait du Grand-Bé ; les Bonapartistes
réveilleraient l'illustre Mort des Invalides,
et la Liberté, l'Egalité, la Fraternité ex-

pirantes, mettraient au monde d'innombrables défenseurs.

XII

Plus on y pense, moins on imagine le
Français d'aujourd'hui lisant son journal
et trouvant son quotidien changé en *Quo-
tidienne*. Moins on le conçoit, place de la
Bastille, regardant passer le souverain au
milieu de la Garde Royale et des cham-
bellans, et criant avec le faubourg Saint-
Antoine : « Vive le roi ! »

— Vive l'Empereur, plutôt.

— Pas davantage, Seigneur ! et que le
ciel nous préserve du retour d'un Napoléon ! D'abord, s'il y en avait un, de taille
à reprendre la tradition impériale, il aurait fait parler de lui et annoncé sa capacité épique, car l'Empire c'est l'Épopée, —
l'Épopée ou rien du tout, l'Empire libéral,
par exemple, c'est-à-dire quelque chose de
moins qu'une fausse République et qui

aboutit à Sedan. Or, l'Épopée, nous la faisons nous-mêmes; la fausse République, nous l'avons. Quant à Sedan... Nous préférons les bords de la Marne.

XIII

Nous ne voulons pas de la Monarchie, nous ne voulons pas de l'Empire; nous voulons d'une République qui fasse nos affaires et qui soit équitable envers tous les Français. Elle ne se fera pas d'elle-même. C'est à nous de la fonder, conscients des fautes des pseudo-républicains établis au pouvoir avec des vues de partis et de circonstance, et non des vues nationales et de durée.

XIV

Evidemment, la monarchie, sortie, à l'origine, de la famille, de la patrie et de la religion, a l'avantage d'y être naturellement attachée ; tandis que la République, telle que nous la connaissons, sortie des revendications contradictoires des masses, éternellement mécontentes du destin de l'humanité, ne songe qu'à les fuir. Mais une République, ramenée au sentiment des institutions essentielles par un suffrage universel moralisé, aurait l'âme et la sagesse d'une monarchie légitime et se retrouverait dans le bon chemin.

XV

Une République saine et disciplinée n'est pas impossible. On ne supprime qu'un temps Dieu et le roi. Il y a, dans l'homme, un besoin instinctif d'un chef de l'invisible et du visible. On change le nom ; on reprend la chose.

XVI

Une bonne République aurait un chef d'Etat, des ministres et des élus également pénétrés de l'intérêt public, et joignant la responsabilité à l'autorité et à la durée, sans que leurs pouvoirs se confondent en s'opposant les uns aux autres. La différence de ce régime avec une monarchie héréditaire serait dans la suppression de l'hérédité et de la superstition de la fonction souveraine.

XVII

A quoi sert le nom de roi ou d'empereur porté par le chef d'une nation ? A en imposer par le titre et la pompe qui s'y attache. A en imposer à qui ? A des hommes ou à des sujets ? Avec des hommes, pas n'est besoin de titre et d'apparat. Le chef tient d'eux sa puissance et son prestige. Il vaut ce qu'ils valent. Avec des sujets, il faut le titre et l'apparat, et les sujets ne valent que ce que vaut le roi.

XVIII

Sommes-nous et voulons-nous être des sujets, ou sommes-nous et voulons-nous être des hommes?

XIX

Soyons des hommes, mais soumis à une discipline nationale, subordonnée aux traditions capitales. Telle est la vraie politique.

XX

Pour la plupart d'entre nous, la politique n'est pas même la connaissance des lois historiques, sociales, économiques d'où dépendent l'harmonie entre les Etats et, dans les Etats, l'harmonie entre les particuliers ; elle est simplement la place, l'argent, l'honneur du voisin.

XXI

Vivant presque tous dans l'ignorance et le besoin, nous sommes incapables de raisonner. Et cependant, nous prétendons nous mouvoir sainement dans l'exercice de ce que nous appelons la liberté. Mais gênés, à présent, nous commençons à soupçonner l'insalubrité du suffrage dit universel. Nous pouvons donc comprendre qu'il faut proportionner nos droits à nos devoirs naturels et non à des chimères.

XXII

Il est proprement stupide d'appeler suffrage universel un suffrage où la femme et l'enfant ne sont pas représentés.

XXIII

Un mode de suffrage, ennemi de la famille, est ennemi de la patrie.

XXIV

L'éternelle erreur des hommes, qui se mêlent de faire des lois, est d'oublier que la Société n'est qu'un produit de la Nature.

XXV

La nature a mis en nous des instincts sociaux. Il faut en tenir compte pour établir l'ordre social. Deux de ces instincts sont primordiaux et déterminent la société : l'instinct de possession, l'instinct de conservation.

XXVI

L'instinct de possession engendre en nous la personnalité, puis le sens de la famille et l'attrait de la patrie.

XXVII

Nous commençons par penser : « ceci est à moi, » puis nous disons : « ma maman, mon jouet, ma maison, mon jardin, mon école, mon métier, mon argent, mon ami, ma femme, mes enfants, mon pays ... »

XXVIII

L'instinct de conservation s'exprime socialement par l'organisation des armées.

XXIX

L'instinct de possession et l'instinct de conservation doivent être à la base du suffrage universel, conscient des lois naturelles d'où sort l'ordre social.

XXX

Le vote plural, représentant, non les hasards de la naissance ou de la fortune, mais les instincts sociaux immuables, assainit aussitôt le suffrage et met en harmonie l'État et la Nature.

XXXI

Que le citoyen ait une voix ; que le soldat présent ou passé ait une voix ; que la femme aussi en ait une, soit par elle-même, soit, à son gré, par délégation en faveur de son mari, si elle est mariée ; que chaque enfant aussi soit représenté par le père ou, à son défaut, par la mère, tel est le vœu de la Nature, mère du peuple souverain.

XXXII

Il faut que l'électeur ait des droits proportionnés à sa compréhension de l'équilibre social, lequel dépend des institutions de défense représentées par l'armée, et de celles de foyer, de labeur et de biens, synthétisées par la famille. La vérité politique est donc dans le vote plural, basé sur le devoir militaire et le devoir familial [1].

1. Il serait simple de donner à l'électeur un carnet d'identité politique, visé, chaque année, au lieu de sa résidence légale, et qui déterminerait sa capacité élective, calculée à raison de : 1° une voix indistinctement accordée à tous les électeurs; 2° une voix reconnue à l'aptitude, présente ou passée, au devoir militaire; 3° une voix au mari ayant une femme légitime vivante; 4° une voix au père ayant deux enfants vivants, légitimes ou légitimés; une voix de supplément pour chaque fois deux enfants vivants au-dessus des deux premiers.

On dira: « quelle comptabilité! » Non, rien de plus facile. C'est le livret de famille tenu à jour. Evidemment, il faudrait, une fois par an, que l'électeur mette au net sa situation politique et passe un quart d'heure à la Mairie. Ne convient-il pas, d'ailleurs, de réorganiser le droit de vote, de le hausser moralement, de détourner le citoyen de s'en désintéresser? On sait combien le négligent!

Une des principales réformes à souhaiter serait de donner au vote plus de poids en reportant à vingt-cinq ans d'âge la majorité politique. A vingt-et-un ans, l'homme ne s'est pas encore acquitté du service militaire; il est à peine entré dans sa carrière, et, outre l'inexpérience de la jeunesse, l'incertitude de sa situation sociale fait de lui un participant à la volonté nationale insuffisamment autorisé.

XXXIII

La terre ni l'humanité, l'homme ni la société n'ont été créés par des théoriciens assemblés en conseil, et ceux-ci, quoiqu'ils imaginent, ne sauraient aller impunément à l'encontre des forces éternelles qui décident de l'ordre, ici-bas comme dans l'infini.

XXXIV

La plus grande force sociale est la force de l'amour. Elle est la première qui, dans l'homme l'incline à se diriger, s'améliorer, se continuer par la famille.

XXXV

Malheur à l'homme seul!... Malheur à l'être stérile! Malheur au peuple infécond !

XXXVI

Bâtir sur le mensonge, voilà ce que nous avons fait en bâtissant sur le suffrage dit faussement universel.

XXXVII

Quel réveil pour celui qui habite les nuées et vit dans l'illusion !

XXXVIII

Rien n'est plus lugubre que la fin d'un grand peuple rongé d'erreurs et de vices. Il se débat dans ses parties saines; elles ne veulent pas mourir.

XXXIX

L'héroïsme d'une race ne prouve pas sa

vitalité. On ne fait que passer dans l'héroïsme, on n'y séjourne point. C'est une affaire de circonstances et qui nous est, le plus souvent, imposée. Le difficile n'est pas d'être un homme brave, une fois en passant; c'est d'être un brave homme tous les jours.

XL

D'où vient cette malhonnèteté dominante qui détruit le respect par l'insolence, l'armée par l'indiscipline, la famille par le divorce, et qui débride en nous les lâches appétits?

XLI

Nous cherchons partout la cause de nos maux, et elle est en nos âmes. Si avant de parler de réformer qui que ce soit, et quoi que ce soit, nous commencions par nous réformer nous-mêmes.

XLII

Pourquoi mentir, pourquoi duper, pourquoi voler? Pour une place? Pour de l'argent? Qu'est-ce que cela dure? Et quel prix le paie-t-on? Car tout se paye!

XLIII

Si l'on nous enseignait bien qu'il est une inévitable justice avec laquelle, tôt ou tard, il faut compter, nous serions meilleurs.

XLIV

Partis, clans, divisions, disputes, violences, attentats, révolutions : éternelle lutte de l'homme contre l'homme, inéluctable fatalité de l'épreuve terrestre, à quoi les peuples raisonnables opposent cette unifi-

cation des consciences et de la compréhension de la vie, qui, seule, résulte d'un
système religieux.

XLV

Voilà le grand mot lâché: le sort de
l'homme n'est qu'une affaire de religion,
et la destinée d'un peuple une question de
théologie.

XLVI

Il faut être d'un foyer, d'un pays et d'un
ciel.

XLVII

Les frontières existeront donc toujours?
Les hommes ne seront donc jamais des

frères? Le Progrès ne triomphera donc pas en ce monde?

Patience! Nous comptons seulement, dit Svante Arrhénius, environ cinq cent millions d'années de vie organisée sur la terre. Il faut le temps!

XLVIII

Les hommes se sont haïs de forêt à forêt, de clocher à clocher, de province à province, pourquoi, de peuple à peuple, ne cesseraient-ils pas de se haïr?

Parce que la forêt, le clocher, la province dépendaient d'une certaine unité de sol ou d'espèce, et que tout a son terme ici bas, et qu'il ne faut pas placer la raison dans des comparaisons.

XLIX

Nous ne nous entendons pas sur les

mots d'une même langue qui est la nôtre, et nous prétendons nous entendre sur les mots que prononcent des hommes qui parlent d'autres langues.

L

Ah ! s'il existait un langage unique !

On n'oublie qu'une chose : une langue universelle existe : celle de l'honneur. Regardez de près : les règles en sont partout identiques, mais nulle part on ne les trouve exactement écrites. Elles sont dans le cœur de l'honnête homme.

LI

Mille routes vont au mal, une seule va au bien, enseignait Zénon. Il n'est qu'une façon d'être loyal et bon. Rassemblez les honnêtes gens de tous les pays, ils parleront la même langue.

LII

Notre esprit de division procède de l'esprit de malhonnèteté.

LIII

Toute malhonnèteté vient en nous de la sottise humaine. L'intelligence droite est la plus belle et la plus forte. Les mots ne lui en imposent point, et, par exemple, quand on lui parle de la souveraineté du peuple, elle sourit.

LIV

La souveraineté du peuple ne peut exister, parce qu'une cohue où chacun se heurte, se combat, se déchire, ne saurait se guider et savoir où elle va. Tout au plus trouve-t-elle, dans cet instinct de conservation qui sert d'intelligence aux foules, la bonne volonté de se donner des chefs. Sa prétendue souveraineté se flatte alors de contrôler leurs actes. Ce contrôle, pour être réel, dépend des espèces et des personnes, des temps et des lieux. Mais une foule est incapable du discernement et de la promptitude indispensables. Quand elle s'aperçoit du mal, il est fait. En admettant donc qu'elle tienne de son illusion de souveraineté un droit de contrôle, c'est comme si elle n'avait rien [1].

1. On sait que la chimère de la souveraineté du peuple, telle que l'Encyclopédie l'a conçue, s'inspire des souvenirs de la société antique et, spécialement, du gouvernement du peuple, à Athènes. Malheureusement, les mieux intentionnés des Encyclopédistes, (Jean-Jacques en tête. V. Mallet-Dupan et Taine), ne songèrent pas que rien n'était comparable, et qu'il était impossible de faire d'un citoyen français ce que fut un citoyen athénien. Pour s'en apercevoir, il suffisait de relire Aristote, qui a dit très justement que l'homme qui avait besoin de travailler pour vivre ne pouvait pas être citoyen, tant la fonction était absorbante.

Un érudit sociologue, d'autant de conscience que de sagesse a, de nos jours, remis toute chose au

LV

En quoi et de quoi et de qui un peuple est-il souverain? Pour l'être de quelqu'un ou de quelque chose, il faudrait d'abord, qu'il le fût de lui-même. Et quelle est la foule capable de se gouverner?

LVI

Le peuple est un mineur ; il faut penser non contre lui, non avec lui, mais pour lui.

LVII

Qui peut penser pour le peuple ?

point, et publié d'admirables travaux qui sont autant de démentis probants aux assertions de l'Encyclo-pédie; c'est Fustel de Coulanges, que ceux qui se risquent à gouverner leurs semblables ne consulte-ront jamais sans fruit.

L'homme qui porte en soi les destinées de sa race, et la défend par l'observation des devoirs naturels.

LVIII

Dix millions d'ignorances ne font pas un savoir, assure M. Taine, parlant politique. Mais un seul savoir vaut, du point de vue social. Il est à la portée de tous les braves gens, quels qu'ils soient, d'où qu'ils viennent : c'est le savoir-bien-vivre, en conformité des vœux de la Nature, mère de la société.

LIX

Quoi de plus simple ? Rien ne change ici-bas dans le plan moral, puisque rien ne change dans le plan physique, et nous ne pouvons aller contre le devoir de procréer, d'édifier un foyer, de servir une patrie, sans préparer notre propre ruine.

LX

Bast ! Après nous la fin du monde. Jouissons donc !... Jouir, certes ! Encore faut-il choisir. Les uns vont aux truffes, les autres aux délicatesses du cœur ; affaire d'éducation et de tempérament.

LXI

La faillite complète de nos illusions et de nos systèmes, en politique, ressort de notre incapacité de rendre le peuple moins grossier et plus heureux.

LXII

La corruption populaire naît de la cor-

ruption bourgeoise, qui naît de la corruption aristocratique. Le mot est vieux :
« Un peuple, comme un poisson, se corrompt par la tête. »

LXIII

Les révolutions ne sont que le furieux
effort des masses, mues par l'instinct de
conservation. Elles coupent les têtes qu'elles croient pourries.

LXIV

Souvent les innocents paient pour les
coupables, et il convient qu'il en soit
ainsi. C'est une grande preuve de l'existence d'une justice ailleurs que parmi les
hommes.

LXV

Le progrès n'est point durable. Au fur et à mesure de la marche de la société sur la route des siècles, elle s'encombre de manières de voir et de sentir, qui n'ajoutent qu'à son malheur, car, à chaque pas, elle progresse vers l'abîme des vanités par le boursouflement de la personnalité humaine. Sort fatal, sort d'épreuve, d'autant plus lourd et plus redoutable qu'une race se persuade davantage de sa force et de sa grandeur.

LXVI

Mais à quoi bon philosopher ? Le peuple souverain déteste les réflexions et les idées générales. Pauvre souverain ! Voilà ce que nous en avons fait : il est incapable de penser.

LXVII

Puis-je être fier d'une souveraineté que je partage avec des fripons, des lâches et des imbéciles?

LXVIII

Un peuple qui s'en est remis au nombre, sans se soumettre à l'ordre naturel, s'est asservi à l'ignorance, la sottise, la barbarie. Mais la nature ne saurait être aussi absurde, et détruit ce peuple fou et sacrilège.

LXIX

Finis Galliae ! Frères, il faut mourir. Nos discours n'y feront rien: les phrases ne créent pas des enfants. Nous mourrons donc ... Puis, nous renaîtrons, transformés. La Pologne, ingouvernable et divisée, fut dépecée vivante. De ce jour, elle vécut au tombeau, gardée par la foi et l'espérance. Elle a fini par ressusciter.

III

N'avons-nous pas perdu la raison ?

I

N'avons-nous pas perdu la raison ?

— Qui ?

— Vous, moi, nous tous, les dirigeants, les intellectuels, les producteurs, les commerçants, les fonctionnaires, les hommes publics.

Le catoblepas se dévorait lui-même. Nous aussi nous nous dévorons. D'abord, les uns les autres, par haine et jalousie ; puis jusque dans nos biens et notre avenir follement administrés, chacun ne voulant pas qu'un autre ait plus ou mieux que lui.

Meure la collectivité, mais que seul je prospère !

II

Cette odieuse envie qui est, au fond, toute la politique des partis dits avancés, s'excuse un peu de l'horrible égoïsme des partis dits réactionnaires.

III

Le jeune anarchiste qui tira sur M. Clémenceau porté par les circonstances au rang de Père de la Patrie, avait grandi à Creil. Son enfance s'infecta de la misère de l'une de ces ignobles masures où, dans ce coin riant de l'Ile de France, vivent les ouvriers d'usine, environnés de châteaux et de chasses, et au milieu de gens fortunés qui les écrasent de leur luxe et de leur indifférence.

IV

Qu'a-t-on fait pour le peuple ?

Nous, en tête, les intellectuels, qu'avons-nous fait ? Nous avons formé trois clans : les flatteurs, les oppresseurs, les amuseurs. Chacun de ces clans lui a fait du mal.

V

Au premier rang des flatteurs du peuple, considérons les officiels, les enseignants.

Le résultat de leurs conceptions est connu :

L'école primaire nous a donné le maître révolutionnaire et athée ; l'élève, ennemi de la famille, qu'il ne continue pas, quand, militant du désordre, il ne va point jusqu'à souhaiter la destruction de la patrie.

L'école secondaire nous a donné le pro-

fesseur, aigri parce que mal payé, soumis
à la faveur politique, comme l'instituteur,
mais moins enclin au rôle de valet électoral, formé et placé différemment, d'ailleurs, et bientôt si dégouté de sa tâche,
une des plus nobles qui soient cependant,
que l'Université en arrive à se demander
où elle trouvera, demain, des occupants
pour ses chaires de pauvretés. L'élève,
nous le fûmes, nous savons quel vide affreux le collège ou le lycée firent en nous,
et ce que nous serions devenus, si nous
n'avions pas eu de mères.

VI

Les Programmes... Ah! les Programmes! Ils furent, ils sont encore meurtriers,
et d'une bêtise telle que l'on est porté à
penser qu'une fatalité cruelle frappait
d'aveuglement ceux qui les conçurent.
Aucune vue raisonnable sur la vie réelle,
sur la destinée humaine, sur les condi-

tions de l'existence en société. Mais un chaos insane où la philosophie est ennemie de la morale, et le citoyen, étranger à l'homme.

VII

Parmi les flatteurs du peuple, rangeons les écrivains et journalistes qui ont entassé utopies sur utopies, divagations sur divagations, pour trouver une clientèle, en excitant les passions populaires. « Il faut vivre et parvenir, » objectent-ils, ajoutant à voix basse : « Tous les moyens sont bons. »

Plus tard, parfois, ils se repentent.

VIII

Faites le compte de ceux qui mirent le feu à la maison et qui, à présent, veulent l'éteindre.

Trop tard, hélas ! trop tard !

IX

Heureux les morts...

— Dans le devoir? Dans le sacrifice? Oui; mais n'assurez pas que ceux qui moururent, rentés et repus, dans leur lit, la croix d'honneur au chevet, une nécrologie dans les feuilles, après avoir vécu de la misère et de l'ignorance du peuple, jouissent dans l'au-delà d'une quiétude parfaite.

X

Pour qu'il y ait des fils, des frères, des filles, des sœurs, des mères, des êtres qui souffrent des fautes qu'ils n'ont pas commises, c'est que tout se tient, tout s'enchaîne le passé au présent, le présent à l'avenir, le visible à l'invisible. Aucune fuite, aucune absence ne sauve de l'éternelle justice qui a établi l'ordre dans l'infini, et nous rend tous solidaires.

XI

On étonnerait M. Barrès, M. Bourget, M. Bazin, M. Bordeaux, pour ne citer que ces quatre honnêtes gens, écrivains renommés, en les rangeant parmi les intellectuels, oppresseurs du peuple. Et pourtant, à bien regarder, on les voit toujours d'un même côté de la barricade : celui de l'ordre bourgeois. Certes, on ne les voudrait pas du côté du désordre anarchiste. Mais on les souhaiterait à la place des porteurs de flambeaux : Sur la barricade, pour apaiser les frères ennemis, au risque de se faire tuer.

XII

M. Barrès, M. Bourget, M. Bazin,

M. Bordeaux... Etonnante répétition de la
lettre B. Eliphas-Lévi, qu'on a tort de ne
plus connaître, eût demandé si elle prédis-
pose à bien penser, et si elle incline, par
surcroît, au détachement de soi-même et
des faveurs d'ici-bas ?

XIII

Prenons *l'Ennemi des Lois*, de M. Barrès. L'occasion était belle de plaider pour
le peuple. Encore eût-il fallu aimer les
hommes.

XIV

Prenons le *Disciple* de M. Bourget. La
préface est un des morceaux que l'auteur
a le plus travaillés. Elle prend allure de
manifeste.

Dans le *Disciple*, M. Bourget veut faire
le procès de l'anarchie intellectuelle et

du désordre social. Toute sa critique se ramène à ceci : « C'est la faute à Voltaire... »

Voltaire et l'Encyclopédie furent des effets, non des causes. Ils surgirent d'une corruption théocratique et aristocratique. Elle engendrait des perturbateurs, accourus, pour une bonne part, de la grossière et envieuse Allemagne. De même, aujourd'hui, la corruption bourgeoise multiplie en France les éléments anarchiques, étrangers en majeure partie. C'est à elle qu'il faudrait s'en prendre.

XV

M. Bazin et M. Bordeaux, prisonniers d'un genre et d'un milieu, ne vont pas, pour le peuple, de la pitié divine dont ils s'inspirent volontiers, jusqu'à ce goût de justice qui est dans l'Evangile. Ils dînent à la table des pharisiens, et non des pauvres, des estropiés, des aveugles,

des boiteux, oubliant Celui qui a dit :
« Aucun de ces hommes qui avaient été
invités ne sera à mon festin. »

XVI

Les flatteurs du peuple sont des exploiteurs de sa misère et lui disent : « Révolte-
toi ». Les oppresseurs sont des moralistes,
gardiens de l'ordre bourgeois, et lui disent :
« Reste sage ! ». Ceux-ci ont du talent,
ceux-là de l'intrigue. Ils valent d'être
combattus. Mais les autres, les amuseurs,
ceux qui n'ont que de bas petits vices et
vivent en parasites de la saleté populaire,
que faire contre eux ? Leur œuvre va de
l'articulet falot au cinéma infâme, en passant par le roman-feuilleton, à forme de
veau bicéphale. Comment écraser les
pygmées de ce *pandæmonium* ? Ils sont
légion.

XVII

Pourquoi, de quelle façon sommes-nous tombés aussi bas ? On est pris de nausées, au café-concert et au cinématographe. Tant de laideur et d'ignominie ne révoltent pas le peuple de Musset et de Molière. Ses regards auxquels s'offrent les plus beaux paysages, les plus beaux monuments, les plus beaux musées, se contentent de scènes grotesques où la vie est inlassablement caricaturée.

XVIII

A quoi songent les meneurs ? Il en est de convaincus. Tant de hideurs dans les arts devraient les révolter. Ils seront bien avancés quand, de l'abrutissement du peuple, sera sortie la destruction de la société. Mais pensent-ils ? Ne sont-ils pas privés

de la faculté de raisonner ? A les lire, on
le croirait.

XIX

Prenons M. Barbusse. La souffrance
l'indigne. On ne saurait douter de sa sensibilité et de ses dons d'écrivain. Mais il
écrit du fond d'une tranchée. Il ne décou-
vre pas le vaste univers : encore moins le
ciel. M. Barbusse vit, la tête baissée sur
la misère humaine. C'est une attitude.
Elle est pénible à conserver et ne nous
apprend rien. Le procédé a fait son temps.
La moindre idée vaudrait mieux. Ouvrons
Balzac. D'une seule page jaillissent dix
pensées fortes. J'arrive au bout d'un livre
de M. Barbusse : Je n'ai appris qu'à être
méchant.

XX

Ah ! cette déchéance littéraire de la

France, quelle amertume, et quelle annonce de la mort.

Jamais production plus forte ne marqua stérilité plus évidente. C'est fatal : nous ne créons plus socialement : nous ne créons plus littérairement. Sur terre, l'âme ne saurait se passer du corps.

Cherchez, depuis quarante ans, les types enfantés par le théâtre ou le roman, et entrés dans la galerie des personnages caractéristiques du génie de notre race. Le seul Cyrano, ultime reflet de la flamme chevaleresque, paraît devoir survivre, comme pour éclairer le monument funéraire, dressé aux œuvres de son siècle.

Cherchez les mots, les phrases passés en proverbe... Vous ne trouverez rien.

XXI

Considérez la Presse. On se sent environné de morts et de mourants. Les vieilles maisons s'affaissent. Pourront-elles se relever? Combien peu de liberté véritable. Combien peu de passions fécondes. Les besoins dévorent tout.

XXII

Les producteurs, c'est-à-dire les industriels, les fabricants, et leurs financiers et hommes d'affaires, furent-ils plus conscients que les intellectuels de notre descenté à l'abîme, et plus enclins à s'y opposer?

Encore moins.

Dénombrez les patrons capables de s'entendre pour réagir contre les erreurs et les abus du Pouvoir. Vous ne trouverez, çà et là, que des individualités éparses, impuissantes et vaincues.

XXIII

Dénombrez, au contraire, les patrons

arrivés à s'accorder pour entrer en composition avec les Pouvoirs, ennemis de la chose publique, exportant les fonds nationaux à l'étranger, frappant de droits prohibitifs les matières premières indispensables, facilitant les concessions de mines à des Allemands plutôt qu'à des Français, vous en trouverez de solidement groupés et de visiblement florissants.

Ils se sont élevés sur les ruines de la Patrie.

XXIV

L'intérêt personnel a tout primé dans le patronat, — sauf certaines exceptions devant lesquelles il faut s'incliner avec respect, — l'intérêt et la vanité.

On ne saura jamais le mal que le ruban rouge a fait à la fortune et à l'honneur de la France.

XXV

Connaissez-vous, à Paris, un escalier tortueux que l'Industrie, le Commerce et l'Agriculture ont gravi en rampant? Il mène à un local malpropre où se trouve une « Salle des Fêtes, » — les fêtes de l'intrigue et de la platitude humaines. Dans cette salle, qui sert aussi de Temple au culte du Veau d'Or, enrubanné à la Foire aux Vanités, les fidèles ont érigé leur idole. Non le fils de la vache, mais le nourrisseur du veau. Il est là, en bronze, dominant l'estrade des rites. Il est répété en effigie photographique sur les murs. On voit un *facies* bouffi de gros homme, bon enfant, échappé d'un comptoir de marchand de vin ...

C'est le dieu qui décore.

XXVI

Dans le désastre d'une corruption qui aboutit, en dépit d'une suite de prodiges et du secours de l'Univers, à une France exsangue et ruinée, sous les lauriers dont elle se pare pour entrer au cercueil, on désespère de son relèvement à constater que nul individu, nulle collectivité n'accomplit un geste à la mesure des nécessités.

On dirait que nous sommes sortis de la guerre, épuisés, anéantis, et que, si nous trouvons encore quelque force, ce sera seulement pour abréger les affres de notre fin.

XXVII

Des gestes, des actes, oui, voilà ce qui manque.

Ces financiers, ces industriels, ces trafiquants qui se sont enrichis formidablement, qu'attendent-ils pour apporter sur l'autel de la Patrie la plus grosse part d'une fortune payée du sang et des larmes de la France ?

XXVIII

Considérez ceci qui est effroyable : la richesse française ignore la collectivité française. Mettons à part les charités ostentatoires du *Figaro;* les fondations de bonne compagnie, à l'Institut; les générosités des personnes pieuses; où sont les grandes œuvres nationales et salutaires, établies et soutenues par la Finance, l'Industrie, le Commerce, l'Agriculture : les Facultés richement dotées, les Laboratoires supérieurement outillés, que sais-je ?

XXIX

On aimerait à voir les riches sociétés

et les grandes compagnies rivaliser d'élans et de sacrifices. La plus noble est l'Académie française. Elle fait fort bien les phrases. Affecter Chantilly à une œuvre sociale serait encore plus utile. Ce n'est pas tout d'encourager la vertu chez les autres. Il faut en garder pour soi.

Ni les grands corps de l'Etat, ni les hommes publics, ni les fonctionnaires, ni les producteurs, ni les intellectuels, nul, dans l'abîme où nous nous débattons ne nous offre un moyen de salut. Où il faudrait des poutres de fer, on nous tend des fétus de paille. Où nous voudrions entendre rugir un lion, nous percevons des glapissements de chacals.

XXXI

La résignation de la France en face de ses pertes et de ses ruines est quelque chose d'inouï. On ne sent même pas chez elle l'envie de rechercher les coupables dont les crimes et les fautes préparèrent son épuisement et sa mort. Elle est comme envoûtée, comme insensible et insensée. Telle Ophélie, elle flotte, inerte, sur le torrent qui va l'engloutir.

— Français, n'avons-nous pas perdu la raison? Et pourquoi l'avons-nous perdue? Parce que nous ne savons pas vivre dans la Nature et la Société, en observant les lois qui règlent l'ordre naturel et l'ordre social.

IV

Chimères, erreurs et fautes dont nous sommes victimes.

1

Peu d'hommes se retirent en eux-mêmes, pensent d'après leurs propres réflexions et se choisissent un chemin personnel. Presque tous se laissent porter par un courant d'idées ou de circonstances, sans se demander où vont fatalement les influences auxquelles ils s'abandonnent : vers le bien ou le mal, les joies ou les peines, les récompenses ou les châtiments, et à quoi les obligent les morts desquels ils sortent et les vivants sortis d'eux-mêmes.

II

Nous sommes esclaves du « hasard » et
du « présent », bien que le hasard et
le présent ne soient que des conceptions
de notre erreur. Car il n'est point de hasard, sans quoi les mondes se rencontre-
raient, et le présent n'est autre que le
temps qui fuit, insaisissable.

III

Des règles immuables se perpétuent
qui assurent aussi bien le cours des astres,
la sucession des jours, que les limites dans
lesquelles nous pouvons nous mouvoir,
comprendre et agir.

IV

C'est une illusion de prétendre saisir

l'éternité, diviser l'indivisible, mesurer l'immesurable. Nous appartenons à ce qui est, fut et sera, non à la minute que nous croyons sentir passer. Il faudrait donc concevoir notre époque du point de vue de la pérennité des choses, et non de celui des faits occasionnels.

V

La Révolution dont nous pensons être sortis tout armés, comme Minerve naissant de Jupiter, n'est qu'un épisode de l'histoire de la race qui nous a engendrés. Il est déraisonnable de nous hypnotiser sur cet événement à l'exclusion de tant d'autres dont l'influence tient sa force cachée dans nos moëlles, à l'insu de nos ingratitudes et de nos égarements.

VI

L'empreinte chrétienne, la noblesse chevaleresque, caractéristiques nationales que nous héritons du passé, agissent sur nous plus fortement que l'illusion de liberté, d'égalité, de fraternité exaltée par les Encyclopédistes. Ici, l'action n'est que superficielle; là, elle est profonde. L'une a l'effet d'une aventure; les deux autres, d'une tradition. Latentes, celle-ci n'opèrent que mieux. La première se retrouve dans l'esprit fort qui se croit ennemi de la religion et fait de l'athéisme en langage d'église: tels les Francs-Maçons si aisément pontifes; la seconde refleurit en l'ouvrier qui s'intitule anarchiste, et témoigne d'une fidélité de parole, d'une générosité de cœur, d'une passion d'équité où revivent les vertus du « Loyal Serviteur. »

VII

Nous nous trompons sur la Révolution et sur ce que nous lui devons. Considérée en elle-même, elle n'est qu'une résultante

des circonstances d'époque et de milieu.
Nous sommes dupes de la piperie des
mots.

VIII

La Nature et la société ne connaissent
pas de révolutions dans le sens que notre
candeur imagine, c'est-à-dire des boule-
versements contraires aux lois établies.
Tout est dans l'ordre, y compris le désordre.

IX

La disparition d'un continent sous les
flots, ou cent mille innocentes victimes of-
fertes en holocauste au Moloch populaire,
sont des faits d'une logique absolue. On
peut même dire que l'absolu ne se rencon-
tre ici-bas que dans l'enchaînement des
faits qui nous surprennent à l'extrème,

car plus ils sont au-dessus de notre compréhension, plus ils dépendent essentiellement de l'universelle raison et procèdent
de sa perfection.

X

La Révolution ne fut point ce qu'un
vain peuple pense : un prodige inouï. Ce
fut une évolution normale, résultant d'é-
vénements antérieurs. Nous distinguons
aujourd'hui, grâce au recul, l'origine de
tout ce qui s'est réalisé. Les causes de la
Révolution remontaient à plusieurs siècles,
mais les déterminantes dataient seulement
de Louis XIV, roi « très chrétien » qui,
par ivresse d'orgueil, prétendit royaliser
l'adultère, détruisant ainsi la famille et
l'autorité. D'un tel crime, sans parler de
la divinisation du Prince, groupant autour
du trône, au détriment du pays, une noblesse qui désapprenait à résider, devait
sortir un siècle de débauche et d'incré-

dulité, mère de la misère. On eut le xviii^e
siècle.

XI

La gloire militaire du « grand Roi » ne
compense rien. On sait quels résultats rui-
neux elle eut finalement, et quel chemin
de fautes et d'erreurs elle suivit.

Qu'on imagine Catinat jugeant son
maître.

XII

La gloire littéraire du « Grand Siècle »
n'excuse pas Louis XIV. Il ne l'a pas faite,
il en a profité. Il était encore enfant, lorsque Corneille laboura le champ où Racine
devait moissonner; et Molière avait du
génie avant que la Cour s'en fût aperçu;
il s'était formé à travers les provinces.

XIII

La floraison des lettres, au temps de Louis XIV, tenait son germe de la Renaissance. Le fruit succédait à la fleur. De toute façon, le souverain fut le jardinier qui profite de la récolte. Il ne sut qu'épuiser le jardin, et, après lui, l'ancienne culture se trouva morte. Les herbes folles, les ronces, les lianes sortirent du sol. Il y en eut de luxuriantes, mais dans ce taillis rampaient des bêtes venimeuses. C'en était fait de l'ordre et de la paix. La France dépérissait, revenant à l'état sauvage. Plus de religion, donc, plus d'union ; plus de respect, donc, plus d'autorité ; plus de chevalerie, donc, plus de force militaire. Au lieu de ces trois mots : Foi, Amour, Sacrifice, qui sont des paroles de vie, prédominaient les formules creuses de l'Encyclopédie. Elles aboutirent à la fameuse devise dont les assas-

sins de la Terreur firent leurs délices :
Liberté, Egalité, Fraternité ou la Mort.

XIV

Par quel sortilège avons-nous pu voir
dans ces mots : Liberté, Egalité, Fraternité ou la Mort, dont le dernier seul a un
sens réel — c'est pourquoi nous l'avons
supprimé; il faisait peur! — des paroles
cabalistiques, propres à nous assurer la félicité sur terre ?

Il y a là un cas de folie nationale presque aussi colossal que la croyance des
Germains en un Dieu allemand les char-
geant de germaniser l'univers !

XV

Si, en premier lieu, la liberté tient tant
de place dans nos préoccupations verba-
les, c'est que nous n'avons aucune idée

du danger des mots qui, par leur imprécision même, n'expriment rien que de fallacieux. Nous les accueillons avec enthousiasme et en espérons des prodiges.

« Liberté, liberté chérie... » Cela se chante dans la *Marseillaise*, et c'est pour nous, aujourd'hui, une découverte d'hier.

XVI

Avant la Révolution et Rouget de l'Isle on n'avait jamais entendu parler de liberté ici-bas ! Telle est l'opinion de beaucoup de braves gens. L'Egalité, la Fraternité leur semblent aussi des inventions modernes. Très peu s'avisent de penser que notre faiblesse et nos maux viennent de ces décevantes nouveautés déjà périmées au temps du déluge.

XVII

Où est l'homme auquel nous pouvons dire sans qu'il se fâche :

— Citoyen, tu veux être libre, égal et fraternel ! Or, tu n'es libre ni de naître, ni de vivre, ni de mourir ; rien de ce que tu vois, entends, sens, touches et comprends n'est égal entre soi ni à toi-même : le frère de ton sang sera tout à l'heure ton pire ennemi ... Comment peux-tu garder cette devise insensée : Liberté, Egalité, Fraternité ? L'homme, dis-tu, se flatte d'être libre. Soit ! Mais libre de quoi ? De manger, de boire, de dormir, d'aimer ? Voilà, n'est-ce pas, le principal. Et là, tout de de suite, aucune liberté. Le moindre excès ruine le corps. Il ne vit que de règle et de retenue.

— Raison de plus pour que l'esprit soit libre!

— Mais l'esprit tient au corps; le plus

petit mal le paralyse. Admettons quand
même l'indépendance de l'esprit. Quelle
liberté prétends-tu en retirer ?

— Liberté de penser, de parler et
d'agir.

— Penser quoi et à quoi ?

— Penser tout et à tout.

— Cela ne veut rien dire. Nul homme ne
peut penser tout et à tout. La pensée de
chacun dépend des conditions de temps,
de lieu et d'origine.

XVIII

L'humanité, dans son ensemble, est
ignorante et hors d'état de penser. Elle n'a
que des instincts et non des raisons. C'est
une bête. La foule n'est pas un être humain. L'homme ne devient homme que
par l'effort individuel.

XIX

La chimère de la liberté de penser a fait naître la superstition de la libre-pensée, absurdité totale, car si chaque homme, dans son for intérieur, est libre d'essayer de tout concevoir, tout examiner, les différences d'intelligence, d'instruction, d'éducation, limitent sa liberté d'examen. Il n'y a donc pas de liberté de penser, puisqu'il y a limitation de la pensée.

XX

Toute parole engage. Un homme se distingue des autres hommes par la sûreté de ses propos, l'autorité de ses déclarations. Sa parole vaut ce qu'il vaut, et puisqu'elle le lie et que les hommes se lient entre eux par des paroles, la liberté de parler ne saurait exister.

XXI

La liberté d'agir est irréelle. Chaque acte de l'homme se répercute sur son prochain. Nous nous tenons absolument les uns les autres, et les gens qui parlent de « vivre leur vie » ne savent ce qu'ils disent.

XXII

La chaîne des sauvegardes sociales se resserre d'elle-même autour de ceux qui entendent échapper aux obligations de la condition humaine.

XXIII

Les seuls actes normaux sont ceux qui entrent dans l'ordre des lois sur lesquel-

les la société est établie. Toute anomalie
se paie.

XXIV

L'égalité n'est nulle part dans la création. Tout s'y trouve différencié et hiérar-
chisé par la diversité de matière, de vo-
lume, de poids, de force, d'intelligence.
Les hommes naissent dissemblables.

XXV

Dans les castes où des similitudes d'origine et d'existence paraissent se produire,
ces similitudes ne sont que des apparences. Pris en eux-mêmes, les êtres les plus
apparentés n'ont, dans le fond, rien d'uni-
forme, malgré des identités de départ, de
chemin et de but. Chacun, en fait, agit suivant un tempérament et un destin propres.

XXVI

On parle d'Egalité ! Egalité devant quoi ?
Devant la vie, la santé, la force, la beauté ?
Non, n'est-ce pas ? Devant la compréhension, l'étude, le calcul, l'inspiration ? Non,
n'est-ce pas ? Devant l'honneur, la vérité,
la justice, la pitié ? Non, n'est-ce pas ?
Alors ... L'Egalité devant la loi ? Quelle
loi ? Celle que les hommes font et qu'ils
appliquent ? Mais si l'Egalité n'est pas en
eux, comment voulez-vous qu'elle soit dans
leur loi ?

XXVII

La Fraternité n'existe pas de frère à
frère. Le même sang est corrompu par la
haine. Les familles s'entre-déchirent, les
humains se trompent, s'exploitent et s'op-
priment les uns les autres. L'homme reste

le loup de l'homme. Les peuples demeurent enfermés dans l'armure de guerre. Où est donc la Fraternité en ce monde ?

V

Un Régime anti-naturel ne peut être qu'anti-social.

I

Notre amour des chimères ne s'est pas borné à croire à la vertu des mots gravés en creux au fronton des édifices publics. Nous avons bâti sur le sable en faisant dépendre notre existence nationale du Régime que nous baptisons de l'épithète de parlementaire.

II

Parlementaire vient de parler, qui vient

de parole, qui vient de parabole : sentence. Les justes seuls savent penser et exprimer des sentences où l'homme reconnaît la loi suprême, cette mystérieuse loi innée en nous, et qui est le sens divin du tien et du mien, du vrai et du faux, du bien et du mal.

III

Qu'ont de commun avec des justes, des politiciens arrivés, pour la plupart, par l'intrigue, l'injure et le cabaret ? Et suffit-il qu'ils se disent des politiques pour cesser d'être des Incompétents et moins encore? Leur régime vit de mensonges et aboutit aux désillusions ; il est inapte à choisir entre le vice et la vertu ; il éloigne les bons et attire les méchants ; il fait peur aux sages et plaît aux fous ; il effraye ceux qui sont quelque chose, et séduit ceux qui ne sont rien ; au lieu de s'appuyer sur des forces, il s'écroule sur des faiblesses.

IV

Si tout était amélioré par l'effet d'un suffrage conforme aux vues de la Nature, le Français découvrirait que le propre d'une démocratie séparée de l'ordre naturel par le désordre politique est d'amener en place des gens qui ne devraient pas s'y trouver et qui n'ont réussi à s'emparer des emplois que par des moyens et des raisons où le mérite et le talent étaient des facteurs non seulement inutiles, mais nuisibles, parce qu'ils offensaient le peuple qui, abandonné aux appétits égoïstes d'un système de vote injuste et lâche, ne pouvait que manifester aveuglément sa volonté [1].

1. On ne s'étonnera pas, sans doute, de ne trouver dans ces pages — sauf ici, — aucune allusion à l'utopie de la Représentation Proportionnelle. De toutes les folies de notre semblant de Parlementarisme, l'espoir de moraliser le suffrage universel par les mathématiques n'est pas la moindre.

V

Choisis du point de vue de la famille et de la patrie, de nouveaux mandataires du peuple, plus attachés au sol, plus soumis aux influences morales qui apparentent entre eux les individus les meilleurs, s'apercevraient qu'un politique est un homme qui sait la politique et n'y croit pas, et qu'un politicien est un homme qui ne sait pas la politique et y croit. Se méfiant d'eux-mêmes et soucieux d'être en harmonie avec les lois de la Nature, ils sauraient utiliser ces forces latentes des masses populaires, par lesquelles tout vit et se renouvelle dans une nation.

VI

Ah ! ne renions pas la démocratie ; elle seule est la vertu innée, l'honneur natif, le trésor d'idéal et de vertu, qui s'ignore et par qui fleurit la chevalerie d'une race.

VII

L'aristocratie ne vient que de la démocratie, et souvent la trahit. Quand un peuple se corrompt et se perd, c'est toujours par le sang qui se dit le plus noble; quand il se purifie et se sauve, c'est toujours par le sang qui se croit le plus vil.

VIII

Aux heures où se joue le sort d'une nation, le gouvernement de tous pour un, la plèbe démocratique, opposé à celui d'un pour tous, l'aristocratie monarchique, a pour lui l'instinct, tandis que l'autre n'a que l'intelligence. L'instinct de défense centuple les forces d'une collectivité poussée aux abîmes. Livrée à la décision d'un

seul homme, elle n'a que la résistance
qu'il porte en lui.

IX

Que de fois la France a été sauvée par
l'instinct de défense de la démocratie, cons-
ciente des désastres que l'aristocratie
n'avait point prévus. Dans la grande guerre, c'est elle qui, victime d'une bourgeoisie plus oppressive que n'importe quelle
aristocratie, et prétendant tout diriger,
alors qu'elle ne songeait qu'à s'enrichir,
— c'est elle qui a de nouveau réalisé des
prodiges de salut aussi beaux que les plus
illustres de notre histoire.

X

Ramenée dans le sillon des traditions,
la démocratie se trouverait tirée du chaos
révolutionnaire.

XI

Les peuples, comme les individus, sont perpétuellement soumis aux deux forces en lutte dans le monde : l'erreur et la vérité, le mal et le bien. Les nations traversent, comme nous-mêmes, des périodes de compréhension et d'incompréhension de leur intérêt supérieur, qui est tout dans le bien et la vérité. Quand elles le comprennent, elles progressent ; quand elles ne le comprennent pas, elles regressent.

Cet intérêt supérieur, identique au nôtre, se manifeste socialement par le respect des traditions. Nous sommes astreints à leur culte. Il n'est pas plus possible de se détacher d'elles, impunément, que de manquer aux lois de la gravitation et de la pesanteur. Elles en ont l'implacable constance.

Ces traditions, nous les connaissons parfaitement. La raison les défend, la folie les attaque ; la vertu les pratique, le vice les fuit ; l'honneur les exalte, la honte les insulte. Elles s'appellent : la famille, la patrie, la religion.

XII

Les gouvernants arrivés au pouvoir en 1870, et ceux qui leur succédèrent, méconnurent les traditions parce que la folie révolutionnaire était en eux, et que, du reste, ils les confondaient avec les défaillances du Second Empire et de la Monarchie de Juillet.

XIII

Prisonniers aussi du crime contre la Nature accompli par la Révolution, destructrice des traditions, Louis-Philippe et Napoléon III appartenaient à une clientèle de partisans et non à la France. En dépit

des apparences qu'ils se donnèrent, ils ser-
virent des partis et non la nation, et de-
vaient succomber, l'un dans les plus affli-
geants scandales, l'autre dans une cruelle
défaite; frappés, tous deux, dans ce qu'ils
prétendaient le mieux représenter: le Roi,
l'honneur ; l'Empereur, la gloire.

XIV

Les gouvernants de la troisième anarchie, baptisée du nom de République, formés à une époque toute occupée des Bonapartistes et des Orléanistes, en eurent
la hantise. Ils cherchèrent d'autant moins
à organiser une France conforme aux traditions inséparables de l'existence des peuples en société, qu'ils voyaient en elles un
héritage néfaste. Ils imaginèrent de saper
les bases de la vie sociale pour ruiner des
partis qui s'étaient flattés de s'appuyer
sur elles, quoique, en fait, incapables de
s'y maintenir. De là cette destruction sys-

tématique de la famille, de la patrie, de
la religion.

XV

L'erreur des faux parlementaires, devenus les dirigeants de la France, s'est aggra-
vée de l'incohérence du suffrage universel,
instrument difforme qui ne pouvait fabri-
quer que des difformités. Il nous a donné
une majorité de médiocres sans scrupu-
les, médecins et avocats pour la plus
grande part.

XVI

De tout temps, les avocats ont abondé
dans la vie politique. Exercés à la parole,
placés en évidence, habitués aux affaires,
ils ont présenté des garanties de com-
pétence et de mérite, qui sont allées en
diminuant, au fur et à mesure que leur

nombre croîssait et que la société se compliquait d'innombrables divisions de partis et d'intérêts, obligeant à de multiples ménagements et combinaisons, des hommes contraints de se faire une clientèle.

XVII

Jusques et y compris la Révolution, on trouve des avocats qui, occupés de la conduite des affaires de l'Etat, payent, à l'occasion, de leur tête leurs erreurs ou simplement leurs opinions.

Puis, tout change. La noblesse de la fonction s'est diluée dans le bourbier révolutionnaire. Le règne des légistes est passé; celui des bavards commence.

XVIII

Pendant un demi-siècle, nous avons connu des avocats exclusivement soucieux de tirer parti de ce qu'ils appellent leur dévouement à la chose publique. Entraînés à ne se passionner que pour les causes les plus productives, la leur propre leur est apparue comme essentielle. Ils n'en ont pas plaidé d'autre au Parlement. Se ménageant les uns les autres, ils ont fait de l'irresponsabilité un dogme d'Etat.

XIX

Sortis, sauf exception, du Barreau, parce qu'ils n'y auraient point réussi, — car, à la longue, ceux-là seuls s'y établissent solidement, qui font preuve de qualités sérieuses, — les avocats politiciens se sont jetés sur la politique comme sur une proie.

Si quelques-uns n'en ont pas moins poursuivi, parallèlement, une belle carrière professionnelle, il faut y regarder de près et compter avec l'enchevêtrement des choses, dans un temps de désordre où

la justice se laisse influencer par la politique, en proportion même de la façon dont
la politique ménage la justice, sans que,
dans tout ce commerce, l'équité tienne la
moindre part.

XX

Petits ou grands, maladroits ou habiles,
les avocats ont apporté aux affaires un
scepticisme inhérent à leur fonction, et qui,
aggravé par le siècle, a détruit chez eux
le goût des convictions. De tous les défenseurs des opinions ou intérêts des tiers,
l'avocat est celui qui compose le plus aisément avec lui-même et sacrifie le plus
fréquemment sa dignité au besoin de
plaire. On sait à quel ton de basse cama-
raderie est tombée la Chambre ; quel tu-
toiement y règne, et quels rivalités et
calculs dissimulent ces méprisables fami-
liarités.

XXI

Tout autant que l'avocat, si ce n'est plus, le médecin matérialiste a favorisé l'avilissement parlementaire.

XXII

Après cinq ou six années de Quartier Latin et d'hôpital, instruit de l'humanité à la brasserie, et de l'existence de l'âme autour de la table de dissection, un jeune médecin s'installe en province, pénétré d'importance, admiré, recherché, épousé. Il dispose d'un droit de vie et de mort sur ses semblables. Il règne sur les ouvriers et les paysans prosternés devant l'homme de science, qui sait bien que les religions sont une invention des sorciers. Comment ne serait-il pas esprit fort? Il gagne péniblement un peu d'argent à courir par tous les temps, de fièvre en plaie, de misère en douleur. Il n'est pas un saint, il n'est pas un apôtre; et sa femme s'ennuie au village. Il se met à pérorer, à flatter, à trinquer, à promettre, à mentir, à diffamer. Il n'en faut pas plus pour faire de lui un personnage qui revient à Paris prébendé, gouvernant, ministre.

Oh! en dedans, tout au fond, il n'est peut-être pas autrement fier ni rassuré; mais, une fois sur la galère, il a tôt fait de prendre le ton, d'être d'une Commission, d'opiner, de discuter, de discourir, de demander, d'obtenir sa part du butin, pour lui, les siens et ses amis. Les avocats en font autant. Et qui parle là de la France autrement que pour essayer de sauver la face, comme un criminel invoque un faux alibi?

XXIII

Que des gens qui ont excercé avec honorabilité, pendant vingt ou trente ans, la profession de médecin ou d'avocat, entrent au Parlement, rien de mieux. Mais que nos biens, nos vies, notre honneur dépendent d'incapables, voire d'aventuriers, qui n'ont aucunement témoigné d'une valeur sociale — ce n'est plus possible, ou nous sommes perdus.

XXIV

Par qui remplacer un personnel législatif essentiellement formé de déserteurs de la médecine et du barreau, inaptes, presque tous, à réussir dans la carrière qu'ils avaient choisie, et assez bons, cependant pour faire les affaires de la France, c'est-à-dire les nôtres ?

M. Renan qui, tombé du ciel, n'avait pu se décider à toucher terre, et considérait, parfois, les choses d'assez haut, soutint, un jour, l'idée d'un Parlement corporatif.

XXV

Le Parlement corporatif, idée séduisante, offre, à l'examen, d'insurmontables difficultés. Il faut voir simple. La nature ne complique pas, elle choisit. Elle ne laisse se développer, s'épanouir que les éléments les plus normaux et les mieux constitués.

XXVI

N'est-il pas insensé que le premier aigrefin venu, arrivant dans une circonscription électorale, rassemble au cabaret quelques faméliques ou sots, ou malhonnêtes personnages, et se trouve ainsi nanti d'un « Comité » qui lui donne une investiture ?

XXVII

Tel ou tel candidat est d'une profession,

d'une carrière, d'un métier. Il a dû faire
ses preuves. Qu'en pensent ses pairs ? C'est
l'essentiel, et, justement, nous n'en sau-
rons rien. L'homme va faire du bruit, ré-
citer des articles de journaux, promettre
la lune et le soleil, et, béants de l'ouïr, des
électeurs, dont les neuf-dixièmes perdent
subitement tout bon sens, voteront pour
lui.

XXVIII

Pourquoi n'imposons-nous pas au candidat l'investiture préalable des témoins
compétents de son passé, de son labeur ?
Quelle difficulté serait-ce que de décréter
l'obligation pour l'avocat, qui veut être
député, de se faire agréer par les Barreaux
de sa Cour d'Appel ; pour le médecin, par
les Syndicats médicaux de son départe-
ment; pour le commerçant, par la Chambre de Commerce de sa région ; pour l'in-
dustriel, par l'Association de ses collègues,

dans sa province ; et ainsi de suite pour tous les corps de métier, toutes les situations sociales ? Car, enfin, aujourd'hui, chacun est d'un groupement constitué. Les fonctionnaires et les propriétaires ont des centres d'union aussi bien que les ouvriers et les paysans. Et nous avons intérêt à favoriser ces groupements. Ils sont l'assise de la mutualité, les gardiens des règles professionnelles, les agents de la coordination des efforts et des progrès, suivant les spécialités.

XXIX

Un suffrage universel, amélioré, tel que la Nature et la raison le demandent, et ne connaissant que des candidats obtenant de leurs pairs une déclaration de valeur, amènerait bien vite les corporations, syndicats, associations et groupements similaires à rechercher d'eux-mêmes leurs membres les plus aptes à représenter, à la

fois, leurs intérêts corporatifs et les intérêts français. Du coup, les incapables et
les aventuriers qui, neuf fois sur dix, sortent d'on ne sait où et ont fait l'on ne sait
quoi, iraient porter ailleurs qu'au Parlement leurs grègues aux poches percées.

XXX

Le nombre des représentants de la collectivité française devrait être considéra-
blement réduit. C'est un vaste Conseil
d'Etat à deux degrés qui nous est nécessaire, en tant que Parlement national, et
non une foire aux vanités et aux intrigues.
Ramené à des proportions lui permettant
de se connaître et de se posséder, ce Parlement pourrait s'occuper efficacement
d'une besogne de simplification législative,
administrative et financière, entraînant un
contrôle immédiat des actes officiels avec
des sanctions promptes, tant pour punir
le mal que pour récompenser le bien, par

l'entremise de ministres pris en dehors de la Chambre et du Sénat. On concèderait alors plus d'initiative et d'attributions aux Conseils généraux provincialisés, désinfectés de la politique de clocher et de secte par le seul effet de l'amélioration du suffrage universel, et affranchis de la tutelle préfectorale.

XXXI

Nous allons, inévitablement, à la liberté des Communes et à la réorganisation des Provinces s'administrant elles-mêmes dans la limite des lois générales de l'Etat et la participation unanime aux charges nationales.

XXXII

La division départementale a fait son temps, et aussi cette déplorable centralisation qui emploie une armée de douze

cent mille fonctionnaires pour à peine cinq
millions de Français producteurs. Un ad-
ministrateur pour quatre travailleurs...
C'est incroyable !

XXXIII

Il est entendu, depuis des années, que
tout est à réorganiser en France, mais
nous retardions sans cesse la refonte de
nos administrations et l'assainissement de
notre existence nationale. La guerre nous
a mis au pied du mur. Les charges finan-
cières qu'elle a créées, les vides qu'elle a
faits, les leçons qu'elle a données, les efforts qu'elle impose, entraînent, à présent,
des solutions jusqu'alors repoussées. Les
coalitions d'appétits et d'intrigues ne peuvent empêcher l'effet de ce qui s'est produit. Il n'y aura plus de partis plus forts
que la France ; il y aura la France plus
forte que les partis — ou bien, très vite,
il n'y aura plus de France.

VI

Mauvais par les hommes,
le Régime aboutit à des partis exécrables.

I

Que signifie ce mot : parti ?

Existe-t-il seulement un bon parti ?

Si l'on est d'un parti, cela veut dire que l'on a pris parti. Autant avouer qu'on est de parti-pris, — le pire des partis !

II

S'il fallait une preuve de la misère de l'homme, on la trouverait dans ce besoin qu'il a de se classer sous une étiquette, sans voir que la politique ne saurait être une affaire d'étiquette, et que la vie d'un peuple, pas plus que celle d'un individu, ne dépend d'une couleur inexistante et conventionnelle, mais uniquement de la réalité des traditions. La diversité des circonstances ne change rien à leur immuabilité. Nous ne varions qu'en elles, qui nous contiennent dans les limites normales de notre développement. Hors d'elles, nous tombons dans le néant. Nous sommes sortis de la Nature.

III

Nous avons, en France, des teintes de partis plus nombreuses que celles de l'arc-en-ciel, sans que, pour cela, le signe d'alliance brille parmi nous. Au contraire, plus le ciel parlementaire se panache, plus l'orage est menaçant.

IV

Il fut un temps où l'on comptait un petit nombre de partis qui répondaient à des nuances déterminées. On disait : le centre, la gauche, la droite. On pouvait s'y reconnaître. De dégradation en dégradation, nous sommes arrivés à des couleurs multiples et confuses. Nous avons des radicaux, des socialistes, des modérés, des conservateurs, et chacune de ces divisions se fragmente en de nombreuses catégories au travers desquelles voltigent des « indépendants. »

V

Les parlementaires, ou dénommés tels, prétendent savoir quelle opinion ils professent et à quelle nuance ils appartiennent. Mais le plus bienveillant des observateurs a tôt fait de démêler qu'ils sont, en fait, groupés par clans, suivant des programmes d'intérêts et de préjugés ou d'erreurs. Les questions locales priment, chez eux, les conceptions nationales; et le soin de conserver leur siège par des dons ou faveurs au corps électoral l'emporte sur toute autre préoccupation. De sorte que le « Parlement » n'est plus qu'un immense office de distribution des dépouilles de la France entre le parti qui domine et ses clients.

VI

On a l'impression que les Français se pillent, se persécutent, se déchirent les uns les autres, sous des prétextes dits politiques et qui ne sont que des moyens de dilapidation et d'attentats divers, au plus grand dommage du pays.

VII

Cherchez à raisonner les étiquettes : vous aurez tôt fait de vérifier leur mensonge.

Prenez un radical et priez-le de définir sérieusement le radicalisme. Il sera fort embarrassé. Car, ou les mots ne veulent rien dire, ou le radicalisme n'a rien de radical, pris dans le sens de racine et origine, ou dans le sens de complet et absolu, ou dans tout autre sens étymologique. Le radicalisme ne remonte à l'origine de quoi que ce soit, n'est absolu d'aucune façon. Ce n'est qu'un terme dénaturé, sophistiqué, mot de passe d'une Association d'intérêts dont le but est de tirer des bénéfices de son organisation.

VIII

Prenez un socialiste, il jouera volontiers à l'apôtre, et tentera de vous expliquer un quelconque des mille et un systèmes qui, bien avant la Tour de Babel, promettaient déjà « la solution de la question sociale, » c'est-à-dire le pain, la santé, la force, l'intelligence, l'amour, la justice, la vérité, l'honneur pour tous, laïquement, gratuitement, obligatoirement décrétés aujourd'hui sur la terre.

IX

Prenez un modéré, il déclarera qu' il est un élément de conciliation... « Messieurs, ami de tout le monde !... » ou qu'il a le secret de la vraie liberté, étant né libéral ; un conservateur : il déclarera que lui seul entend l'honneur total et le nationalisme intégral, en vertu du principe monarchique dont il est le gardien ; à moins qu'il n'ait opté pour le rêve impérial et ne pense détenir la formule exclusive de l'ordre et de l'autorité ; à moins encore qu'il n'attende tout du ciel, et que sa profession de foi ne se borne à confesser la foi catholique.

X

Voià des gens de bien. Pressez l'un ou l'autre de vous démontrer qu'il sert vraiment la France.

— Je suis de l'Opposition, dira-t-il avec noblesse.

L'Opposition, Seigneur? Qu'a-t-elle fait? Qu'a-t-elle empêché? Où était-elle? Où l'a-t-on vue? Fantôme au Parlement, néant dans le pays!... De quel éloquent sacrifice, de quel beau geste lui sommes-nous redevables?... Ah! il n'aurait fallu que quelques milliers de Français fortunés, donnant une petite part de leur revenu, pour organiser l'Opposition, améliorer la presse, promouvoir des œuvres fécondes, et même tirer un honnête dividende d'un capital intelligemment employé à d'utiles bienfaits. On cherche en vain ce que l'Opposition a pu imaginer de salutaire et d'efficace dans les périls affreux que nous avons traversés.

Oh ! des phrases... tant qu'on en a voulu ! Mais du sens pratique, de l'entente, de l'action... Non, non, sauf quelques incorrigibles maniaques du dévouement, chacun chez soi, chacun pour soi, et l'étroitesse, la malveillance, la suspicion, la calomnie partout. Que pouvaient faire de décisif les élus d'opposants si détachés de leurs devoirs ?

XI.

On veut détruire la République ! Plaisanterie ! On n'a rien à lui opposer. Voilà des années que l'ennemi victorieux n'a jamais eu devant lui que des fuyards et une vingtaine de fidèles du passé, de champions de l'idéal, toujours les mêmes et qui, inlassablement, se faisaient tuer.

Leurs prétendus partisans se croyaient quittes, quand ils avaient tantôt pratiqué la politique du pire, tantôt « bien voté », envoyé leur obole et invoqué le ciel. Au vrai, secrètement, ils se jetaient à plat ventre, sollicitant, eux aussi, une place ou une décoration.

XII

La plus méprisable République a eu qui elle a voulu dans ses antichambres, à part un petit nombre d'obstinés adversaires clairvoyants, certes, mais passionnés, inhabiles, ou mal placés pour bien agir.

Ceux qui auraient pu donner corps au combat, se sont, en réalité, abstenus. Ils se sont sentis vaincus par la révolution.

Autour de qui, du reste, se grouper en confiance? Allons, soyons sincères... Où étaient les chefs et quels étaient-ils? Qui est encore debout, aujourd'hui? Qui domine? Qui attire la foule?

Non, non, les temps sont accomplis, et, même exécrable, la République a vaincu.

XIII

L'Opposition s'est manifestée par des mouvements stériles et qui, dans leur plus grand effort, n'ont guère abouti qu'à d'amères déceptions. Le Boulangisme et la Patrie Française n'eurent pas une heureuse fin. Leur intention première était bonne pourtant, et des hommes de cœur et d'esprit se jetèrent dans la mêlée, surtout au moment de la Patrie Française. Mais il est à noter que la tradition essentielle : la famille, n'était représentée par aucun des chefs des principales entreprises d'amélioration de la République. Où qu'on les prenne et qu'ils s'appellent Jules Lemaître, François Coppée, Paul Dérourède, autour d'eux nulle femme légitime, point de foyer vivifié par des enfants.

XIV

Il faut se demander si, du fait même que sa propre vie n'est pas appuyée sur le foyer domestique, telle que la Nature l'attend de l'homme, celui-ci, quelles que soient la pureté, la grandeur de ses intentions, n'est pas d'avance en état d'infériorité pour les réaliser. Il ne voit pas juste [1].

1. On pourrait objecter à cette remarque un passage célèbre de Bacon dans ses *Essais*. Mais F. Bacon, si grand qu'il fut, s'est souvent trompé et, d'abord, sur lui-même. Voici, toutefois, ce qu'il dit : « Se perpétuer par ses enfants, par sa race est un avantage que l'homme partage avec la bête ; mais se perpétuer par des services éclatants et d'utiles institutions qui laissent un long souvenir, est un privilège qui n'appartient qu'à l'homme. Aussi voit-on que les ouvrages les plus mémorables et les plus beaux établissements ont été faits par des hommes qui n'ont point eu d'enfants et qui semblaient s'être uniquement attachés à bien exprimer l'image de leur génie, pour se consoler de ne laisser aucune image de leur corps. Ainsi les hommes qui s'occupent de la postérité sont ceux-mêmes qui n'ont point de postérité...»

C'est insoutenable ; et le goût du «pro domo» est

XV

Les choses varient suivant l'angle de notre examen. Celles de la politique et de la société ne s'offrent à nous sous leur aspect le plus normal qu'examinées du point de vue de la famille, de la patrie et de la religion.

C'est là le nœud et le centre, le point initial et la borne d'or. Il faut s'y tenir obstinément, surtout quand on ambitionne d'indiquer à ses semblables un chemin de salut, à l'heure du danger.

un bien fâcheux penchant. Une seule réplique suffit : quel est le monument social le plus important de l'histoire des anciennes sociétés — les institutions divines mises à part ? — C'est le monument monarchique. Il procède exclusivement de la continuité familiale.

VII

La seule base sur laquelle bâtir.

I

Si notre droit de vote s'appuyait sur la famille, les lois qui peuvent la servir seraient refaites d'aplomb, et celles qui lui nuisent, supprimées. On a dit, plaisamment : « nous vivons dans une maison à l'envers... » On a parlé, en riant, « d'incohérence... d'incompétence... » Nous nous sommes amusés de nous-mêmes. Nous dansions le *Tango* en buvant de l'alcool, et la dépopulation inspirait les vaudevillistes.

II

La patrie ne peut être restaurée que dans la famille. Les droits et les charges étant mesurés au devoir familial, tout change, tout s'assainit, tout s'équilibre. Le temps est venu de faire peser sur le célibat le poids des contributions sociales, plus équitablement que par le passé. Que l'on respecte l'indépendance individuelle, cela va sans dire ; mais tout doit se payer, l'indépendance comme le reste. A égalité de fonction, le célibataire ne peut avoir le même traitement que le chef de famille ; où celui-ci est imposé, celui-là doit l'être davantage. La question a été approfondie par des économistes de talent.

III

Du jour où la France le voudra, elle se guérira du célibat qui n'a pour lui ni des raisons d'ordre moral, ni des raisons d'empêchement physique, ni d'autres encore, dignes de considération; mais seulement des motifs qu'inspirent l'égoïsme et la peur de vivre en faisant de la vie.

IV

Le divorce encouragé, vulgarisé par un régime qui confond la sensiblerie poltronne avec la courageuse et saine humanité, le divorce à volonté est le plus grand de nos crimes et la plus néfaste de nos erreurs. Si nous ne cautérisons pas cette plaie au fer rouge, notre sang continuera d'en couler, corrompu.

— Mais, dira-t-on, les droits de l'homme et de la femme... Le droit de vivre...

— Quoi? Quel droit?... Vous avez des enfants : vous leur appartenez! Vous vous êtes trompés? Tant pis! Vous êtes déjà le passé. L'enfant, lui, c'est l'avenir, c'est la race. Restez liés par l'enfant.

V

L'indissolubilité du mariage n'est pas une superstition religieuse, une invention de sectaires d'un culte périmé, une farouche exigence de sauvages troglodytes. La Nature est au fond de cette loi d'airain.

VI

Entre l'homme et la femme prétendant se hausser sur l'échelle des êtres, vivre en société, jouir d'une morale, édifier une civilisation et progresser personnellement, le mariage doit être indissoluble. L'ascension est faite de sélection. La sélection n'existe que par la continuité. L'amélioration de l'individu ne se réalise qu'avec du temps et de la méthode, et principalement par l'éducation. S'élever, c'est être élevé.

VII

Il faut vingt ans pour faire un être humain en état d'affronter la vie. Ce n'est pas une besogne d'un jour ou d'un mois, c'est un travail considérable, qui est toute la raison d'être des parents et qui montre l'importance que la Nature attache à la condition de l'homme et quelles responsabilités celle-ci entraîne. Vous prétendez vous dérober à ces responsabilités, fuir la famille et ses devoirs par l'égoïsme du célibat ou la honte du divorce... Allez, prenez la fuite ! Tout fuit avec vous qui courez à l'abîme, et la patrie se meurt de votre abandon du foyer.

VIII

Du jour où la famille décidera, pour la plus grande part, du droit électoral du citoyen français, la bourgeoisie française sera directement atteinte et punie dans son vice le plus nuisible à la Patrie : la peur des enfants [1]. Elle a donné au peuple l'exemple de la stérilité. Elle est la grande dépravatrice. Sa responsabilité dans tous les maux, toutes les tares qui ont compromis la santé et la vie de la France, est telle qu'il est douteux qu'il lui soit possible d'échapper au châtiment révolutionnaire qu'engendre ordinairement la trahi-

[1]. On obtiendrait une statistique navrante, si l'on relevait le nombre des enfants des familles les plus représentatives de la fausse République infligée à la France depuis 1870. (A ne s'en tenir qu'à celles des Présidents qui se sont succédés à la tête de l'Etat, en quarante-quatre ans, on arrive aux constatations suivantes : M. et Madame Thiers : pas d'enfants ; le Maréchal et Madame de Mac-Mahon : un fils ; M. et Madame Grévy : une fille ; M. et Madame Sadi Carnot : trois fils ; M. et Madame Casimir-Périer : un fils ; M. et Madame Félix Faure : une fille ; M. et Madame Loubet deux fils et une fille ; M. et Madame Fallière : un fils et une fille ; M. et Madame Poincaré : pas d'enfants...)

Que penser d'un peuple dont les guides ont évité le plus possible le devoir familial, et que penser de ces guides, chargés d'assurer le développement de leur patrie, et qui commencent par négliger celui de leur famille ?

son de l'intérêt national par les partis dirigeants. Elle a trahi la race en s'effrayant de créer. Elle a voulu jouir, ne s'accorder, au pis aller, qu'un ou deux enfants, et se dérober au devoir naturel pour mieux doter sa précieuse progéniture! Elle est allée contre l'instinct de création et de société. Elle a écouté l'égoïsme, la paresse, la cupidité[1].

IX

Le vote plural, basé sur la famille, favorisera l'ouvrier et le paysan, meilleurs Français que le bourgeois. On va dire : « N'abuseront-ils pas de l'avantage qu'ils tireront de leur soumission aux vues de la Nature? » Eh quoi! sont-ils à craindre, ces époux et ces pères, conservateurs de la race? Ne diffèrent-ils pas des sans foyer domestique, sans femme légitime et sans en-

[1]. Assurément, il y a des exceptions. On les cite, on les admire, — et on ne les imite pas.

fants. nés du mariage? Qu'ont-ils de commun avec ces fauteurs de trouble, ces piliers de club ou d'estaminet, parasites de tous les mondes, qui exploitent et désorganisent la société dans ses diverses classes en vivant, les uns et les autres, en marge de la famille? Non, non, même au plus bas de l'échelle sociale, ne craignons rien du mari et du père, dès l'heure où sera légalement éveillée en lui la conscience des droits qui doivent découler du devoir familial.

X

Nous ne pouvons attendre notre salut que de la paix sociale, faite de la paix familiale, qui ne saurait résulter que de l'assainissement et de la consolidation du mariage ramené à sa fonction essentielle : la création et l'éducation des enfants.

VIII

Le mariage, unique assise individuelle, familiale et sociale.

I

L'arbre vaut ce que vaut le sol; encore faut-il que le plant ait été sain et dru.

Si le milieu où grandit l'enfant a une influence capitale sur sa destinée, encore faut-il aussi tenir compte de la valeur physique et morale de ses père et mère. Il est bien rare que les parents n'aient pas les enfants qu'ils méritent. La fonction du père et de la mère étant donc l'assise même de la famille et de la société, le mariage est de beaucoup l'acte le plus grave de la vie.

II

L'enfant est le but imposé au mariage par la Nature, la raison et l'honneur.

Les ménages sans enfants sont à plaindre. Une union inféconde est toujours un malheur ou une malhonnêteté. L'amour qui ne fut qu'un jeu de l'impuissance ou de la débauche, et ne put qu'aboutir au néant, était-il de l'amour ? Le véritable amour crée de la vie ; c'est pourquoi, du reste, il effraie les égoïstes, les faibles, les poltrons qui voient dans l'enfant une charge.

Tout est charge ici-bas. La moins lourde est celle que la nature ordonne. Pour ne pas la sentir, il suffit de l'accepter.

III

Pas d'enfants, dommage immense. Dommage moral, d'abord, car les cœurs se dessèchent ou se gâtent, que ne vivifie pas l'amour filial. Qui donc a écrit :

« L'enfant rend les baisers que la mère a reçus,
« Sa tendresse ramène aux paradis perdus...

Sans l'enfant, que dure l'amour? Le temps d'une lune de miel, à moins qu'il ne devienne un commerce d'amant et maî-tresse, une liaison ; mais alors ce n'est plus de l'amour, c'est de l'habitude.

Dommage physique. La femme qui n'a pas été mère n'est pas vraiment femme. La maternité équilibre et complète la femme. Bien plus, celle qui, étant mère, n'a pas nourri, ne connaît pas la douceur la plus douce, celle de se donner en subs-tance vivante, de se sentir fondre dans un autre être. Qu'est-ce donc que l'abandon momentané dans les bras d'un homme, comparé à celui, prolongé, sous l'étreinte enfantine qui tire du sein maternel un sang transmué en lait? Et si la mère nourrit sa propre chair du sang d'une étrangère, que d'inconvénients redoutables et de punitions possibles dans cette dérobade aux lois de la nature!

Dommage physique aussi pour le père. Un mari réduit à n'être qu'un amant s'use vite. Il a plusieurs femmes; c'est fatal. Que de fatigue et de tracas! Il meurt plus tôt. L'enfant l'aurait distrait, occupé, fixé, assagi, fortifié, défendu.

IV

Sans l'enfant, il n'est pas de ménage heureux. Le bonheur, dans le mariage, ne saurait résulter que de l'union. Mais de quelle union? Celle des corps et des intérèts? D'une secousse et d'une addition? Il faut être insensé pour le croire. Le bonheur, dans le mariage, résulte exclusivement de l'union des esprits et des cœurs. Ayez un idéal commun, une foi identique, et vous serez heureux.

V

Le bonheur est toujours d'ordre spirituel, jamais d'ordre matériel. Toutes les misères humaines viennent de l'oubli de cette évidente vérité, que l'homme ne veut pas admettre, parce qu'elle contrarie ses appétits et humilie son orgueil.

VI

Par quelle aberration l'homme peut-il ne pas sentir que le plus précieux idéal qui s'offre à lui, dans la Nature, est l'enfant, idéal tangible, idéal matériel et matière idéale, matière rayonnante de caresses, d'espoirs, de secours, de joies, de récompenses — et aussi de tristesses et de punitions — ou, pour mieux dire : de justice — matière mystérieuse, sortie de nous-mêmes, de la terre et du ciel, et que nous ne

devons aimer que par le cœur et l'esprit,
parce qu'elle est essentiellement créée
pour unir, au foyer familial, les esprits et
les cœurs !

VII

Le mariage vaut ce que nous valons.

Avec des calculs d'argent, des vanités,
des mensonges, de la luxure, on prétend
faire du bonheur. L'ivresse de l'orgueil
passée, le voile de la sottise tombé, on est
tout étonné d'être dans un enfer. On croit
alors en sortir par le divorce, et, dans
cette déroute, on jette par dessus bord les
serments et les enfants. On est lâche et
parjure ; et l'on pense que ce sera sans
importance, ni conséquences, ni lendemain. On veut que le mariage soit une
aventure transitoire, occasionnelle, ne dé-
pendant que de nos calculs et de notre
humeur.

Autant croire que la naissance et la

mort relèvent aussi de notre caprice et se renouvellent à notre gré. Autant s'imaginer que l'on peut berner la Nature, comme on berne les hommes, et que Dieu n'est pas le nom de l'Esprit dans la Nature, et que la justice n'est pas le nom de la raison dans l'Esprit.

VIII

Il faut Dieu dans le mariage. Un mariage sans Dieu est un mariage sans idéal; un mariage sans idéal est un mariage sans amour, et un mariage sans amour est tout ce que l'on voudra, mais ce n'est pas un mariage. Car s'il n'y a pas d'amour dans le mariage, il n'y aura pas de désir réciproque d'enfanter, de se donner l'un à l'autre et de se lier par l'enfant qui naîtra. Lui seul lie d'une façon durable.

Que vaut un lien d'un moment, un lien qui dure ce que dure l'étreinte de deux corps enlacés? Cet accord, si répété qu'il

soit, ne tient pas les âmes. L'enfant, lui,
voulu, attendu et béni, les unit par l'invisible trame des tendresses qu'il incarne,
des espoirs qu'il éveille, des devoirs qu'il
commande, et par ce mystère formidable :
les morts de deux familles qui revivent
en lui.

IX

Le lien est formé ; l'enfant est né. Mais
un seul lien est fragile. L'homme qui ne
vit et ne travaille que pour un enfant a
moins de force que celui qui vit et travaille
pour plusieurs.

Est-ce que certaines charges ne sou-
tiennent pas, de leur poids même ? Quelle
meilleure assurance contre les coups du
sort ?... Voici donc les enfants.

Dès l'apparition du premier né s'impose aux parents le problème des responsabilités familiales, et les multiples et mi-
nutieux devoirs de l'éducation.

X

Il importe d'y songer bien avant que l'enfant ne vienne au monde. Des êtres raisonnables, conscients des lois naturelles et organisés en société, devraient avoir pour principal souci les conséquences individuelles, familiales et sociales de l'amour, et faire, de leur prévision et explication, la partie capitale de l'instruction et de l'éducation des jeunes gens au moment le plus opportun. La morale y gagnerait, ainsi que la santé publique et la force nationale.

Il est pitoyable de penser qu'ordinairement le vice est, pour l'être humain, son premier — et son dernier — professeur d'amour.

XI

Il est à peine question des rapports sexuels dans l'enseignement donné aux adultes. L'hygiène nécessaire, la formation de l'enfant, le régime et les précautions utiles à la maternité sont lettre morte. Quant aux responsabilités et devoirs de l'éducation, c'est un chapitre traité en passant, soumis, du reste, à l'arbitraire de la politique et des conceptions intéressées.

Dans la famille, de tels sujets, quoiqu'en eux-mêmes salutaires et nobles, sont généralement passés sous silence. On a tellement mis de calculs dans le mariage qu'on en est prisonnier. Les fausses pudeurs, les fausses hontes vont de pair avec les autres faussetés du cœur. Il est convenu qu'au mot d' « amour », les jeunes filles bien élevées doivent baisser les yeux. Les autres rient d'un petit air de perversité, ou déclarent effrontément qu'elles sont fixées. Affaire de milieu. Toutes ont des sens éveillés, mais leur raison et leur cœur ne le sont point.

— Tu seras père, tu seras mère... Et si tu ne l'es point ou si tu l'es mal, le dommage qui en résultera pour toi, pour ta famille, pour ta race, pour ta patrie, sera irréparable...

Voilà ce que dit la Nature... Et on se marie sans l'avoir entendue.

XII

Le mariage existe pour que l'homme et la femme, qui ne font qu'un, durant les courts instants de l'œuvre de chair, soient continuellement unis dans l'œuvre de l'esprit. S'ils vivent sous la règle des devoirs naturels, acceptés et remplis, ils peuvent se posséder d'une manière permanente par la communauté de pensées et d'espoirs. Chacun d'eux prend alors à l'autre ce qu'il a de meilleur. Leur amour est un échange salutaire d'idées, de goûts, de tendances, où se mêlent leurs âmes autrement mieux que dans la caresse des baisers. Le corps ne saurait donner qu'un peu de sa substance, l'âme sait se donner toute. Le

corps s'épuise vite, l'âme est inépuisable
et se fortifie en se dépensant, car plus on
se donne, immatériellement, plus on se
sent léger, dispos, heureux, vaillant.

XIII

Se donner, c'est le bonheur. On ne
peut, il est vrai, attendre de l'être humain
la perfection du don de soi-même. Cette
félicité est proportionnée à nos facultés et
aux circonstances. Souverain bien du mariage, elle relève de lois auxquelles il nous
appartient de réfléchir avant de lier notre
sort au sort d'une autre créature. Parmi
ces lois, vient, en premier, la communauté
de pensées et d'espérances. Si elle peut
se réaliser, l'union des esprits s'accomplit
dans l'amour. Il y faut songer, avant tout.
La prudence et les soins nécessaires aux
fiançailles décident donc des fruits que
chacun doit tirer du mariage.

XIV

L'égalité d'éducation, qui engendre la similitude des caractères et des vues, est la condition principale de l'accord des esprits destinés à vivre ensemble. Il y a beaucoup de mauvais ménages, parce qu'il y a rarement concordance entre les éducations associées. Plus il y a, d'ailleurs, de gens mal élevés, plus il y a de gens mal mariés.

Le mariage est essentiellement une affaire de savoir-vivre, non pas du savoir-vivre édicté par les usages et préjugés mondains, mais du savoir-vivre né des sentiments du cœur. Le mariage demande au mari et à la femme de montrer, réciproquement, du tact, de l'indulgence, de la bonne volonté, pour tirer de ces qualités la paix de chaque jour.

XV

Lequel des deux associés doit l'emporter sur l'autre, donner le plus à l'autre, tracer le mieux la route commune ? Le mari, dit-on. Non, le premier rôle est à la femme. Le foyer, base de tout vrai bonheur, de toute réelle réussite, sera ce qu'elle voudra qu'il soit. A elle de vouloir, et de vouloir suivant ce qu'elle a appris de ses devoirs. Sinon, elle sera une proie ou une dupe, ou une poupée malfaisante. Si elle n'a pas su choisir et prévoir (choisir le compagnon digne d'être aimé, et prévoir les charges de la vie), tant pis pour elle, tant pis pour les siens ; son foyer croulera ou sera misérable, si doré qu'il paraisse.

XVI

La vraie mission de la femme est toute

intérieure ; elle doit faire de la vie pour le cœur et l'esprit, et par eux. Gagner le pain de la famille est une besogne secondaire. Procurer la force, le courage, l'équibre qu'il faut à l'homme dans son travail quotidien, est une besogne primordiale. L'accueillir lassé, le renvoyer dispos ; lui créer un coin, un nid où il trouve de la joie, de la lumière, de l'ordre, de l'économie, de la tendresse, tel est l'essentiel de la tâche féminine ici-bas.

XVII

Mais la femme est souvent à l'âge de l'inexpérience, quand elle se marie ; l'homme aussi est jeune. Un père et une mère, des proches ou des amis les conseillent et les guident. La responsabilité morale de ces artisans de leur établissement est grande. Ils sont coupables, lorsqu'ils cèdent aux calculs d'intérêt et d'orgueil, au dédain des règles d'honneur et de prudence, à l'oubli des principes éternels du bonheur.

On se demande toujours d'où viennent les apparentes injustices du sort. Elles ne sont qu'une punition des fautes et des crimes oubliés. La légèreté, la cupidité, la malhonnèteté, l'aveuglément dans tout ce qui touche au mariage, assise de l'humanité, action capitale de l'individu, constituent le forfait méconnu que les hommes commettent et expient le plus souvent.

XVIII

L'homme et la femme qui se marient, ont tout à craindre d'une différente conception de l'amour. S'ils n'ont pas un même désir d'enfanter et d'élever une famille, leur union sera malheureuse. L'amour est la plus forte des obligations de la vie. Sa puissance ne provient que de la foi aux serments. L'acte, en lui-même, vaut par les intentions communes que l'homme et la femme y mettent. Il n'est, trop fréquemment, que la possession d'une curiosité par un calcul; un échange de vices, de sottises ou de tromperies. Rien de plus rare qu'une candeur qui s'offre, en confiance et joie, à une volonté de créer un foyer, de continuer un nom et une race. Rien de plus sublime aussi.

XIX

Cet amour est très pur, et la noblesse de son but n'ajoute qu'à ses délices. Il est vraiment l'amour éternel et souverain. Ses jeux, où la pudeur a des abandons et des élans que l'impudeur ne peut connaître, et ses coquetteries, des finesses qui le parent de grâces sans cesse renouvelées, sont un enivrement où des âmes s'étreignent dans les corps enlacés.

XX

L'homme est l'initiateur, mais la femme avait déjà deviné, pressenti, supposé l'amour. Grande tâche, pour l'homme de se mettre au même plan, de ramener la femme sur terre, si elle est déjà dans le bleu, ou de l'y suivre. Bien peu de jeunes gens abordent ce problème après l'avoir approfondi, et, pourtant, du premier contact, dépend souvent l'existence à venir. La nature est infiniment bonne, qui précipite ordinairement les choses, de peur que, de part et d'autre, on ne s'égare. Mais après ? Et le lendemain, et plus tard... Quelle affaire !

Et toute la vie individuelle, familiale et sociale est bâtie là-dessus.

XXI

L'homme n'est l'homme que d'une

femme, quand il ne la trouve pas toujours la même. Elle doit savoir être plusieurs femmes dans une seule. Il y a des jours où il faut aimer un homme gaiement, un autre jour mélancoliquement; ce soir, le précéder; demain le fuir; souvent varier l'accueil, et, selon l'humeur, les dispositions de l'élu, être à lui avec art. L'amour est pour la femme une scène à caractère, où il est autant besoin de science que d'inspiration. Plus la femme aime, plus elle doit savoir aimer.

XXII

L'homme est donc une idole? Tout lui est dû? Non, mais la femme aurait tort d'attendre de lui plus qu'il ne peut donner, et de le voir autrement que la nature ne l'a créé. L'homme n'est qu'un ouvrier de l'amour, et plus d'un, toute sa vie, demeure un apprenti, un manœuvre, tandis que la femme, en cette matière, doit naître artiste, pour inspirer l'ouvrier.

XXIII

Femme, souviens-toi que tu viens au monde supérieure à l'homme, quoiqu'il dise et quoiqu'il pense, dans sa force et sa vanité. Il a mesuré tes bras et pesé ton cerveau pour en déduire qu'il a plus de vigueur, d'intelligence et d'utilité que toi. Mais tes seins et tes hanches, les a-t-il mesurés ? Et ton cœur, y a-t-il pénétré ?

Tu *sens* plus que lui, tu pressens davantage ; tu sais donc beaucoup plus que lui ce qu'il importe de savoir. Tu engendres, tu crées, tu enfantes, tu allaites, tu élèves. Vous vous complétez l'un l'autre, c'est vrai ; mais tu apportes la part essentielle dans l'association consentie. Tu es la nature créatrice et tendre.

Le destin veut que l'amante, si ardente qu'elle soit, l'épouse si parfaite qu'elle devienne, lorsqu'elle est sublime, l'est dans l'épreuve et la douleur, par l'instinct maternel.

Songes-y bien : tu es la mère, la génératrice des esprits et des corps. Tu n'es grande que si tu suggères et enfantes, et tu n'es femme, vraiment, que lorsque tu as enfanté.

XXIV

Etre père, ce n'est rien, moins que rien ; le temps de dire : « je t'aime. » Pur plaisir, nulle peine. Etre mère, c'est beaucoup, c'est presque tout, avec de la souffrance et du péril ; mais, pour l'homme, cela ne compte pas. Le héros, c'est lui, la clef de voûte de la maison, le sauveur de la société, c'est lui. Il commande, il domine, il asservit, il fait des lois. Quelles lois, juste Dieu !

Et ce troglodyte s'étonne, quand la femme se venge, le trompe et le trahit.

XXV

Pars de ce principe, femme : l'esclave c'est toi, le maître, c'est l'homme. Telle est la conception sociale qui est celle de la bestialité, de la sottise, de l'iniquité mises en articles du Code. La justice humaine est ton ennemie. Tu n'as pour toi que les ressources de ton esprit, de ton cœur et de tes charmes. C'est assez. Ton mari ne doit rien te cacher, sa pensée doit être en toi, la tienne en lui. Il faut que tu le comprennes, que tu le gagnes, que tu le retiennes, que tu le pousses. C'est lui qui t'affranchira. Tu lui laisseras l'apparence du pouvoir, mais c'est toi qui règneras ; sinon point de bonheur, point d'amour, point de foyer solide et agrandi dans la prospérité.

XXVI

Le foyer — quel sage ne l'a dit ? — est la pierre angulaire de toute construction humaine. Sans elle, rien ne tient, rien ne dure; tout s'écroule et tout meurt. Mais, sans cesse, l'homme se rebelle contre les charges qui l'attachent à cette pierre. Mû par l'esprit d'erreur, de révolte et de vice, il brise sa chaîne et roule à l'abîme. Elle le retenait pour le sauver de l'insoumission aux désirs naturels, obligation essentielle et qui se rit des vains efforts de l'orgueil et de l'égoïsme humains, car l'homme n'est créé que pour lui obéir.

XXVII

La discipline est la loi générale de la création. Le chœur des mondes l'atteste et, pour son humble part, la terre ne s'écarte jamais de l'universelle soumission. Sa course est constante, son orbe immuable. Elle palpite en cadence au rythme des marées, et les saisons reviennent périodiquement varier son aspect et ses productions. En elle et sur elle, la matière se transforme toujours de même, et les corps qu'une existence agissante anime à sa surface, paraissent et disparaissent, astreints à des règles inflexibles.

XXVIII

De tous les animaux, l'homme est le seul laissé libre d'accepter les prescriptions de la Nature ou d'essayer de s'y dérober. Seul, parmi les êtres créés, il jouit d'une latitude que les autres créatures n'ont point. Elles obéissent à des instincts dont elles sont esclaves; il a le droit, lui, d'obéir à l'intelligence, au raisonnement des instincts, et de comprendre la condition supérieure qui lui est accordée.

XXIX

N'est-ce pas, visiblement, une épreuve qu'impose à l'esprit permis à l'homme la puissance créatrice qui a décidé la transmutation des choses dans l'harmonie souveraine à laquelle tout doit tendre?

XXX

Le bon sens, la sagesse, la conscience, cette voix de l'âme, conseillent à l'être humain de vivre dans la paix du travail et de l'ordre, qui assure son développement harmonieux, et lui offre, pour cela, le champ d'action de la famille et de la patrie, sous l'égide morale d'une religion qui mêle le ciel qui le domine à la terre dont il est sorti.

XXXI

Quel qu'il soit, quoi qu'il soit, l'homme part du foyer à l'abri duquel il est venu au monde. L'assise familiale n'est-elle pas l'assise de sa vie? Nous sommes là au commencement, au principe de l'individu et de la société. Hors du foyer, commence l'infini où tout se perd et se transforme. L'homme n'a rien à lui dans cette étendue, sauf ce qui tient à sa maison : son jardin, sa terre, son pays, sa patrie. Ensuite, c'est l'étranger, c'est l'univers. Il peut s'y aventurer, il n'y vivra pas normalement. La langue, le climat, les mœurs, tout l'étonne et l'inquiète. Il erre, déraciné.

XXXII

Eloigné de son point de départ, l'homme peut, il est vrai, se raciner ailleurs; mais c'est le plus grand effort qu'il réalise, et celui qui a le plus de portée individuelle et sociale. La terre se peuple et s'organise, grâce aux émigrants ; et chaque émigration est un drame autour de deux foyers : celui qui n'est plus, celui qui sera. Indubitablement, tout de nous-mêmes et de nos œuvres tient au lieu qui nous a vu naître ou qui nous verra mourir.

XXXIII

Hélas ! la sottise humaine veut toujours s'affranchir de la terre, et vivre dans un monde chimérique, sans voir qu'elle n'y rencontrera qué misère et douleur. Un insidieux mirage attire l'homme hors de la condition de l'homme ; mais a-t-il fonction de le martyriser et de le perdre ? N'agit-il pas sur lui, plus pour l'éprouver que pour l'abuser ?

XXXIV

Sur ce globe imparfait, êtres imparfaits, nous sommes perfectibles par l'intelligence et la réflexion. Nous avons à choisir entre le bien et le mal, la vérité et l'erreur. Responsables de nous-mêmes et solidaires les uns des autres, nous devons opter individuellement et socialement. C'est l'épreuve.

IX

Songeons à ce que nous sommes.

I

En tout temps, à toute heure, poussés par une force dont la constance est inconnue des autres animaux, l'homme et la femme s'appellent, se rejoignent et se fondent dans l'amour. Pensent-ils, alors, à ses fin naturelles et aux devoirs qu'elles imposent? Presque tous les humains s'abandonnent à l'instinct de la bête et n'embellissent d'aucun idéal l'acte unique où l'homme est vraiment créateur.

II

D'où venons-nous? Où allons-nous? Qui sommes-nous? Quelle ascendance, quelle destinée est en puissance dans notre sang, notre souffle, notre étreinte? Nous n'en savons rien et nous n'y songeons guère.

III

Quelles sont les circonstances favorables ou défavorables à l'amour et à l'enfantement? Quelles chercher, quelles éviter? Tout est obscur dans la plus importante manifestation de la vie de l'homme, et celui-ci vient au monde et y passe, étranger au secret de sa formation par deux êtres qui, eux-mêmes, n'ont pas su ce qu'ils faisaient en le créant.

IV

A quel moment l'esprit anime-t-il la matière? Est-il en elle latent et agissant? Se transmue-t-il du cœur en amour, du cerveau en pensée, dès le temps de la gestation? Tout est-il dans le germe? Mais quelle est la part respective du père et de la mère? Mystère. Et que n'a-t-on pas dit sur ce sujet « depuis qu'il y a des hommes et qui pensent »! Rien n'est certain, sauf ceci : voici l'enfant.

V

Vivra-t-il? Cela dépend des chances de vitalité que lui garantissent les ressources, l'intelligence, la santé de ses parents. Normal et sain, il est plus menacé, moins armé, plus faible que l'oiselet dans son nid. La civilisation diminue plus qu'elle n'augmente l'aide que lui doit la Nature.

VI

Riche, ou simplement frivole, sa mère se dispense de lui donner son lait. Quel aura-t-il? Celui d'une nourrice, peut-être empoisonné des tares d'une race inconnue, ou celui qui sort de la fabrique d'un laitier? Pour vivre, grandir, se former, il est souvent obligé de lutter contre la légèreté, la paresse, l'égoïsme, la lâcheté de ses père et mère, et la cupidité des étrangers.

VII

La formation de son corps est subordonnée aux conditions de température, d'hygiène, d'alimentation; la formation de son esprit, aux enseignements quotidiens, aux exemples de bien ou de mal, de savoir ou d'ignorance, de politesse ou de grossièreté. Il n'est rien, de lui-même, qu'une aptitude à recevoir la vie avec ses règles et ses influences, plus ou moins bonnes, suivant le milieu où il se développe. Il sera ce que le climat, la famille et la société le feront.

VIII

Produit de la terre, comme la plante, l'homme est fait d'une matière qui contient la part de fatalité inhérente à la condition humaine : fatalité du milieu, fatalité du sang, en un mot, fatalité du sort. L'esprit lui est visiblement donné pour tirer le meilleur parti possible de la fatalité du sort par le travail et l'éducation. L'esprit détermine l'effort qui engendre la réflexion et forme les caractères.

IX

Mais comment expliquer l'inégalité du

sort? Nous en sommes incapables, et cela nous offense. Les merveilles qu'il nous est permis de concevoir et dont nous pouvons jouir ne compensent pas, à nos yeux, nos infirmités et nos malheurs. Parce que nous sommes misérables et sots, nous accusons l'invisible de misère et de sottise. Nous ramenons puérilement l'univers à nous-mêmes, au lieu d'aller de nous-mêmes à l'univers, et d'admettre que tout en vient et y retourne dans un perpétuel échange de mort et de vie, pour des raisons et des fins sur lesquelles nous n'avons pas été consultés.

X

Quelqu'un est quelque part qui sait pourquoi l'existence humaine nous paraît une mêlée confuse entre le mystère des origines, les appétits des sens et les impressions et idées déterminées dans le cadre de nos jours par les sensations que nous éprouvons, les observations que nous faisons, les leçons que nous retenons.

XI

Dès que nous commençons d'exister, les sensations, les observations, les leçons agissent sur notre *instinct compréhensif*, instinct initial commun à tous les êtres et qui, chez l'homme, prend peu à peu conscience d'un petit nombre d'autres instincts d'où découle notre sens de la vie et des organisations familiales et sociales.

XII

Ces instincts, que nous avons dénommés : « instincts sociaux » sont : *l'instinct de possession, l'instinct de conservation*. Il n'y a rien d'autre, en nous, de primordial. Les philosophes, les psychologues ont mis vainement beaucoup de mots autour des petits ressorts de notre machine.

XIII

L'enfant vient de naître. Le globe, doux et tiède, auquel il se colle d'une bouche avide pour puiser l'existence à sa source sacrée, ce globe délicieux est une chose qui est sienne. L'enfant repousse l'importun assez hardi pour tenter de l'en éloigner. Il pleure, il menace, il invective à sa manière. Quand il boit à cette fontaine de vie, il croit revenir où il était avant d'être. Il est encore comme le noyau d'un fruit, tout enveloppé d'une chair dont il tira sa substance. Cette chair est sa chair et sa propriété. Elle lui enseigne à posséder, et ainsi se manifeste *l'instinct de possession*.

XIV

Les premiers soins qu'on donne à l'enfant orientent sa sensibilité physique. Il se rebelle, il s'agite ; mais, s'il souffre, c'est pour son bien. L'âge lui apprend qu'il est des souffrances salutaires, et des amertumes bienfaisantes ; l'âge lui révèle aussi que la science et l'expérience acquises doivent servir à le préserver du péril, de la maladie et de la douleur. L'âge lui enseigne à se défendre.

L'individu qui fait de l'hygiène, la société qui dresse des soldats, obéissent également à *l'instinct de conservation*.

XV

Le cœur s'éveille dans l'enfant. Les premières caresses, celles de la mère, l'effleurent, l'entourent, le réchauffent. Il est comme une fleur qui va s'ouvrir peu à peu. D'autres tendresses se produisent, qui sont aussi des rayons sur ce calice d'affection. La fleur se dilate. Puis, sonne l'heure de la puberté. Au soleil du printemps, la fleur s'épanouit et s'offre. La chaleur qui trouble l'enfant lui enseigne à aimer ; et il connaît les moments où *l'instinct d'amour* parle en maître.

XVI

L'instinct d'amour forme le degré supérieur de la vie instinctive. Unique dans sa cause, il est multiple dans ses effets. Sa variété féconde condamne la monotone stérilité de la haine. L'ombre n'est que l'ombre, mais le jour a mille teintes. La nuit n'est moins noire que parce qu'il la pénètre. Le jour va de la joie de l'aurore à la mélancolie du crépuscule, en passant par le triomphe du soleil au zénith. Vertu des cieux, vérité de la nature, suprême trésor de l'univers, le jour est en nous le feu

même de l'amour. Il embrase la matière et
la consume. Plus il est pur, plus sa flamme
est haute, et plus l'être humain, pénétré
de sa clarté, resplendit. Sa lumière fait les
les héros, les génies et les saints.

XVII

L'amour nous révèle la mère qui nous
enfanta, le père dont le labeur et les soins
assurent notre existence, les premiers
amis qui, par leur affection, développent la
nôtre : grands-parents, proches et maîtres ;
tous ceux qui nous entourent, du premier
âge à la puberté, et s'intéressent à nous.
Il crée le cercle initial de nos relations
avec nos semblables. Plus ils nous aiment,
plus nous les aimons, et plus nous les aimons, plus ils nous aiment. Mais ce n'est
pas assez que de chérir qui nous chérit et
de l'exprimer par des paroles et des caresses. La maison paternelle, le village
natal, la terre des ancêtres, le langage et

les mœurs, les gloires et les tristesses de notre nation sont aussi nos amis, et nous parlent à leur façon. Il faut les entendre et s'y attacher.

XVIII

Ici s'affirme le rôle mystérieux du cœur. Mais comment expliquer le cœur ? Muscle cardiaque. C'est bientôt dit. Que M. Homais s'en contente, cela se conçoit ; il lui faut peu de chose. Cependant, à ces mots : « mon pays, mon village, ma maison, » pourquoi suis-je saisi d'un émoi qui se manifeste par une sorte d'étreinte dont je sens l'effet physique là même où mon cœur bat ? Quand, chaque année, l'été me ramène aux lieux qui m'ont vu naître, l'allégresse rajeunit mon corps ; mon sang court plus vite, je me crois plus léger, mon cœur est en joie. Est-ce le « muscle » qui est joyeux ? N'est-ce pas, plutôt, ce qu'il contient ? Qui, dans cette prison, est la vie et moi-même, et se réjouit sciemment de se retrouver au milieu des témoins du début ensoleillé de mon existence? Lorsque le bonheur emplit ma poitrine gonflée de l'air pur de ma province, n'est-ce pas mon âme, étincelle d'un foyer divin, qui, au fond de l'abri secret du cœur, est sensible aux impondérables d'où résultent les émotions et les sentiments qui nous lient au foyer paternel et à la terre natale?

XIX

Heureux les enfants formés autour du foyer des ancêtres ?

Un peu de chacun de nos devanciers demeure dans les pierres, les planchers, les solives, qui vibrèrent au son de leur voix. La dalle usée devant la haute cheminée à manteau de la cuisine familiale est l'autel où se célèbre l'office quotidien de la transmutation de la matière en élément de vie, réconfort et récompense de notre labeur.

Cette pierre creusée rappelle éloquemment les bonnes gens dont nous sommes issus et qui, avant nous, vécurent dans la maison qu'ils nous ont laissée, mangèrent, burent, parlèrent, aimèrent et haïrent, usant leurs jours au décor où nous usons les nôtres. La maison garde quelque chose d'eux, à quoi s'ajoute quelque chose de nous.

XX

O beauté sainte des vieux foyers, tu es salutaire jusque dans les logis que nous impose, d'aventure, un sort inclément. Si nous sommes sensibles, même en passant, aux souvenirs et témoignages du passé, nous bénéficions toujours de la vertu éducative qui s'en dégage et agit sur notre destinée.

L'être formé dans une vieille maison pieusement conservée sera autrement ouvert à la vie que celui qui a grandi au milieu des banales bâtisses que la vanité ou la spéculation improvisent et qui ne rappellent rien de la race et de l'âme françaises à leurs habitants français.

XXI

L'homme des villes croît dans le tumulte et la fièvre, accablé d'une succession ininterrompue d'impressions disparates. Sa sensibilité s'exacerbe, son équilibre physique et moral est compromis. Il sera nerveux et sceptique. Il semblera comprendre davantage et plus vite tout ce qui tient à la vie. Simple apparence. Emporté par le torrent social, il est comme un caillou brillant et arrondi au milieu d'autres cailloux plus ou moins semblables, et qu'une force, dont ils ne savent ni d'où elle vient ni où elle va, entraîne en les mêlant au hasard, les gros passant sur les petits.

Ces pauvres pierres aveugles, assourdies de leur propre tapage, se croient vivantes, agissantes et maîtresses de leur

destinée. Elles roulent dans l'écume et le
bruit, au gré de la puissance des eaux, et
ne se rendent pas compte que le salut est
sur la rive, dans la liberté du calme, hors
du courant.

XXII

Tout être, qui ne se dégage pas du tumulte du siècle et de l'existence artificielle
des cités, n'est pas dans la vérité de la
vie, car il n'est pas dans l'ordre voulu
pour l'homme par la Nature. Elle nous
suggère de vivre libres au milieu des
champs, des bois, des eaux, des monts,
des plaines, et de nous répandre en espoirs
et désirs d'idéal, à travers l'infini. Le sort,
il est vrai, nous accable sous la loi d'airain : « Tu gagneras ton pain à la sueur
de ton front ! » Soit ! mais pourquoi fuir le
champ et courir à la ville où l'argent, ob-
tenu non sans peine et moins sainement
que par le travail du laboureur, paiera

nos aliments? N'est-ce pas agir en incons·
cients, éblouis et ingrats, oublieux des
splendeurs naturelles? Nous courons aux
lumières, aux bazars, aux plaisirs, et nous
croyons être des citadins heureux, jusqu'au jour de lassitude où nous sentons
que nous sommes dans l'erreur et le mensonge. La vérité est ailleurs. Elle parle
en nous quand, au temps des moissons,
nous essayons de nous ressaisir, de nous
libérer et de revenir à la terre.

XXIII

Je sais un village au flanc d'un côteau ;
le toit de l'église affleure la crête. Du ver-
sant opposé, le clocher s'aperçoit, aigu
et isolé, lançant sa flèche en plein ciel.
Autour de l'église, vestige d'une abbaye
romane que la foi des générations de fidèles a préservée de la destruction, se grou-
pent des maisons rustiques et quelques
habitations bourgeoises. Les unes et les

autres ont un air de famille, un air de sagesse et de quiétude. Le temps les revêt uniformément, suivant la saison, de chaleur et de soleil, de froidure et de pluie. Presque toutes ornent leur façade d'une vigne ou d'une glycine qui est, aux beaux jours, comme un sourire sur un visage. De loin, ce hameau n'est qu'un nid de verdure abrité des vents d'ouest ; nid de cigogne, car le clocher semble être le long bec d'une tête pointue, aux aguets, et le toit de l'église figure les ailes de la mère autour de laquelle les petits se pressent en sûreté. De ce nid, la vue s'étend sur la forêt, la rivière, les champs et la plaine, et sur d'autres nids lointains où d'autres cigognes veillent en épiant le ciel. Il est doux de respirer sur ce paisible sommet et de considérer l'œuvre de l'homme au milieu de l'œuvre de la Nature.

XXIV

Souvent, Paris s'est déroulé à mes yeux,

du haut d'un édifice ou de Montmartre.
J'ai frissonné devant le monstre aux écail-
les d'ardoise et de plomb. Dans sa fièvre
perpétuelle, il souffle la fumée du feu qui
le dévore; il gronde en faisant un bruit
infernal de chaînes secouées. Parfois, il
déchire l'air d'une clameur de rut ou de
colère. Jamais un cri de joie, mais bien,
s'il est content, un lappement d'alcool, un
hoquet de brute satisfaite. J'ai compris
comment meurent les civilisations et les
peuples, victimes des gigantesques cités,
véritables Léviathans, ennemis de la tran-
quille et saine Nature qu'ils semblent impunément souiller, jusqu'au jour où, d'un
plissement de son sol outragé, elle se venge
et les engloutit.

XXV

L'homme est créé pour naître et vivre
au contact de la terre maternelle. Chacun
devrait avoir sa part de soleil, d'arbres et

d'eau. Malheur aux cités monstrueuses. Elles ne sont pas un pays natal. Paris n'est pas un pays natal. Combien peuvent le désigner avec bonheur en disant : « Voici la maison de mon père ! »

XXVI

L'enfant qui naît et grandit à la ville n'est pas le frère de celui qui naît et grandit aux champs. A l'un et à l'autre, la Nature et la vie ne se révèlent pas de la même manière.

XXVII

L'enfant qui naît à la ville manque d'air et d'espace. Il a des murs pour horizon. Il se meut dans une geôle, son logis ; et dans un préau, le jardin public. La notion de l'étendue ne lui est pas révélée. La multitude qui passe le distrait du soleil et du ciel, toujours restreints, ou voi-

lés, dans les cités populeuses ; et le bruit
qu'il entend lui cache le silence.

XXVIII

Trop d'hommes divers défilent à ses
yeux, l'entourent, le coudoient, le pressent ! Il prend un peu de ce qu'il est à
chacun d'eux qui sont, pour la plupart,
déracinés, errants. Ainsi, sur lui, aucune
unité d'empreinte, et rien de la libre Nature ; mais un artifice multiple, perma-
nent et forcé : l'erreur constante de la vie
des rues, des ateliers, des bureaux, des
salons, des cafés, des théâtres, par quoi
se fausse la compréhension de ce qui
existe de visible et d'invisible dans le
vaste univers.

XXIX

L'être qui naît aux champs, loin des

cohues humaines, et qui grandit sans les connaître, reçoit fortement l'empreinte du sol et du ciel. Il foule la terre nue et s'en impreigne. Sur lui et devant lui, l'infini étend son décor suggestif. Les nuages, les vagues, les pics sont ses amis; les étoiles, ses confidentes. Les saisons règlent son existence. Leurs travaux l'occupent, et les bêtes de la ferme, de la plaine, de la mer et du mont lui sont familières.

XXX

L'enfant de la ville et l'enfant des champs peuvent recevoir l'enseignement de livres similaires, et passer aux mains de maîtres identiquement formés, l'un verra tout ce qui lui sera enseigné, à travers les réalités de la campagne, l'autre, à travers les mirages de la cité. Plus tard, l'un aura du bon sens; l'autre n'aura que de l'esprit.

XXXI

Les meilleures intelligences proviennent ordinairement des petites villes. L'être humain s'y équilibre dans un égal commerce des hommes et de la Nature. Rien de trop brillant ni de trop heurté ne l'impressionne. Les traditions familiales, locales et régionales le pénètrent. De sa maison ou de son école, il aperçoit des jardins, des prés, des eaux, des bois ; il entend le chant des oiseaux, et, devant la perspective des horizons, il songe aux mondes à découvrir.

XXXII

Là où il naît, l'être humain devrait d'abord être instruit des hommes et des choses qui l'environnent, et du passé de la terre où il a vu le jour. Je dis : instruit par degrés, du plus proche au plus lointain, du plus petit au plus grand. Selon leur condition, leur intelligence, les circonstances et les moyens, les enfants graviraient, peu à peu, l'échelle du savoir, découvrant davantage la science et la vie avec méthode et opportunité. Mais tous partiraient d'un même plan, solide et délimité où se tiendraient ceux auxquels peut suffire le savoir nécessaire au bonheur d'une existence rustique : lire, écrire, compter, connaître les fonctions du maire, du percepteur, du gendarme et du curé ; pour géographie, celle de la région pour histoire, celle du clocher.

XXXIII

Le vaste monde est tout petit pour qui ne saurait le connaître ; seul peut paraître grand à cet humble le petit monde qu'il est capable de découvrir.

X

Pensons à ce qui nous environne.

I

D'une génération à l'autre, tout nous paraît changer, et de nouvelles façons d'être et de voir succéder à celles qui les ont précédées. Mais ces changements ne tendent guère à l'état de perfection dont nos espoirs se flattent. Il semble bien que l'humanité parcourt éternellement un même cycle de transformations : elle va de l'instinct primitif à l'intelligence affinée, et retourne à l'instinct primitif, car, cédant à des perversités dont elle n'a pas la force de se guérir, elle rapporte toujours à l'homme le mérite des améliorations sociales, des inventions et découvertes dont il lui est permis de jouir ; elle se détruit ainsi elle-même, dans l'ivresse de l'orgueil, qui la ramène de la vanité à la barbarie et de la barbarie à l'animalité. Loi fatale, assurément, et loi d'épreuve, visiblement. Chaque individu, toutefois, est libre d'échapper à ses pièges. La raison les dénonce, et la conscience nous suggère de nous aider les uns les autres à les éviter.

II

Par suite de règles qui nous échappent, le milieu agit dans un sens déterminé sur le corps et l'esprit de l'homme. Cette action du sol et du ciel ne varie pas avec les époques. Considérés, en effet, sous le rapport des moyennes, nous naissons régulièrement blancs ou noirs, bruns ou blonds, petits ou grands, lymphatiques ou nerveux, suivant la Nature au sein de laquelle nous sommes engendrés. Nous pouvons parcourir tout le cycle des épreuves imposées aux êtres humains, nous élever puis retomber, paraître puis disparaître, nous demeurons sous l'influence dominante de la terre et de l'air qui forment l'habitat de notre nationalité.

III

Dans l'ordre moral, notre énergie, nos facultés se manifesteront en bien ou en mal, en progrès ou en régression sans sortir jamais du cercle déterminé par l'ambiance. Les lourds, opiniâtres, féroces, le resteront ; également les légers, variables, bienveillants. A quelque degré que ce soit de la civilisation, on reconnaîtra ceux-ci et ceux-là tels que le milieu les a faits et les fera toujours [1].

1. V. les éloquentes considérations de M. Taine sur l'influence du milieu, dans la *Philosophie de l'Art.*

IV

Nous, Français, nous sommes privilégiés comme si nous avions une mission spéciale à remplir. Notre terre en témoigne. Le sol est un creuset où se fondent les races, et, particulièrement, le nôtre, homogène, placé entre Alpes et Pyrénées, entre les flots verts océaniques et les flots bleus méditerranéens, au bord de l'Europe et de la mer, sur le côté occidental du continent. Attirance de l'ouest, infini des flots, harmonie du pays, douceur du climat, tout se trouve combiné par la Nature pour faire de la France un milieu d'élection, vibrant, tendre, généreux.

V

Notre mission se poursuit par la vertu du sol et du ciel, même quand périclitent les traditions qui doivent en être la naturelle et plus haute expression. La France alors nous sauve de nous-mêmes ; elle nous ressaisit et nous recrée dans le péril et la douleur. Nous pouvons changer. Sous nous et sur nous elle reste fidèle à son destin. Que demain, sur cette terre privilégiée, destinée à faire inlassablement des Français, s'établissent vingt millions de barbares, leurs fils, au bout de peu d'années, ne sauront plus la langue de leurs pères, admireront Corneille, réciteront Musset, et seront des citoyens sensibles, industrieux, fantasques et attirants.

VI

Il n'y a pas, il n'y a jamais eu de race française au sens rigoureux du mot, de race une et tranchée. Il y a une race composite faite d'autres races, on peut même dire de ce qu'il y a de plus intelli-

gent et de plus énergique parmi d'autres
races : gens de guerre, jadis, élite étrangère de la finance, des lettres et des arts,
aujourd'hui.

VII

Le tourisme et la réclame, l'attrait du
« jardin du monde » et de la « banque de
l'univers » ont continué, dans la paix, l'œuvre des invasions d'autrefois. Les éner-
gies extérieures sont venues en France,
de nos jours, comme jadis, et y ont fait
souche. Notre race est ainsi formée d'un
croisement d'élites. Il n'est pas un patriote
entre tous les Français, un homme d'esprit entre tous les Parisiens, qui ne tienne,
peu ou prou, d'un spécimen de choix des
Mongols, des Arabes, des Espagnols, des
Germains, des Anglais, des Italiens, pour
ne citer que ceux-là.

VIII

Nul autre sol que le sol français n'a si continuement tenté les peuples éloignés, et souri à leurs rêves, car même l'Italie ancienne, rayonnante de la majesté romaine, ne pouvait présenter autant de qualités moyennes, de douceur tempérée, d'harmonie naturelle. La France physique a des avantages exceptionnels, révélateurs du sort qui a fait d'elle une nation que l'on pourrait comparer à une comète : elle ne sait où elle va ; une force l'entraîne et elle laisse où elle passe une trace de feu. Et plus elle se consume, moins elle meurt. Ce n'est pas un bûcher, c'est un soleil.

IX

Destinée prodigieuse, la race qui vit en

France hérite des vertus mystérieuses du sol et du ciel. De là le peuple singulier et émouvant que nous sommes; nation unique, en vérité. Dans tous les pays, des hommes s'enivrent d'alcool ou de mots, et se ravalent au niveau de la brute. Il n'est qu'un peuple qui, parfois, pris tout entier d'ivresse, s'exalte d'une sorte de délire sacré jusqu'à toucher les cieux : c'est le peuple français.

X

Dans un pays tel que le nôtre, il n'est pas un village où quelque pierre ne parle de gloire, pas un champ où n'ait coulé un sang valeureux. Si les enfants en étaient avertis, ils seraient plus attachés à leur petite patrie, et plus fiers d'une France faite de tant de territoires peuplés d'ombres illustres.

XI

L'arbre ne vaut que par les racines. Plus il s'enfonce bas et loin, plus il se dresse vers le ciel, en force et en beauté. De même, l'homme tire sa valeur ascensionnelle du sol d'où il est sorti.

XII

Le milieu n'est témoin que d'un des trois états par lesquels et pour lesquels nous sommes existants : l'état présent, celui dont l'action se manifeste d'une manière visible à nos yeux et aux yeux de nos semblables, au cours limité de notre apparence terrestre. Mais deux autres états nous régissent, invisibles : l'état passé et l'état futur. L'état présent et l'état passé ne peuvent tendre qu'au troisième, comme le jour et la veille préparent le lendemain.

XIII

L'existence parmi les hommes, avec ses conditions d'épreuves, nous cache les deux états, autres que l'état présent, qui commandent notre être; mais les morts que nous continuons nous instruisent de notre dépendance du passé, et l'instint qui va de la négation au doute, de la crainte à l'espoir, à la foi, nous prévient de notre destination au futur.

XIV

Si les choses s'enchaînent et doivent harmonieusement se poursuivre sous peine de troubler l'ordre établi et de tomber dans le néant, l'action du passé doit s'imposer à nos méditations et entrer, pour une part proportionnée à son importance, dans nos actes et les règles de notre vie individuelle et sociale. De même, le souci du futur et de ses mystérieux appels.

XV

Considérant d'abord celui des états dont nous relevons en ressortissant de l'invisible, et qui se révèle à nous par une action à la fois physique et morale, nous reconnaîtrons que le passé influe sur notre corps et sur notre esprit. Notre sang n'est que celui de nos morts, et nos façons de comprendre et de sentir rappellent les leurs. Certes, tout se mêle et se modifie, s'atténue ou s'aggrave, disparaît ou reparaît ; mais, au total, nul doute : nous ne sommes que des morts qui revivent un moment : nous sortons du passé, nous allons vers l'avenir. Ce sont là des réalités certaines. Le présent seul est illusion, n'existe et ne peut exister qu'autant qu'il tient aux deux autres états, car, pris en lui-même, il n'est déjà plus lorsque nous croyons qu'il est.

XVI

La grande affaire est de vivre en regardant derrière nous et devant nous. Pour ce qui est autour de nous, un coup d'œil suffit. Le véritable intérêt est ailleurs.

XVII

Derrière nous, tout un monde dont nous sommes issus à un point précis, à un moment déterminé, dans un état caractérisé, se dévoile à notre méditation. Que lui devons-nous? Il nous possède d'abord physiquement. Ce sang qui court dans nos artères, que vaut-il? Notre constitution, quelle est-elle? Les circonstances dans lesquelles nous vivons répondent-elles à nos prédispositions? Que de problèmes! La raison nous pousse à y songer; mais il y a peu de gens raisonnables.

XVIII

Nous nous soucions d'améliorer certaines espèces animales et de nous occuper de leur existence et de leur formation. Les mêmes soins, nous ne les prenons pas sérieusement pour le bien de l'espèce humaine. Très peu parmi nous s'observent et s'analysent, et décident, suivant leur origine, des meilleures conditions de leur développement.

XIX

Notre vie est un prodigieux désordre dans les bornes de la tolérance de la Nature. Nous sommes des êtres encore grossiers, placés au plus bas de la création douée d'intelligence et, parmi nous, un petit nombre d'individus seulement aspire, non sans peine, à l'éternelle lumière. Rien

ne prouve mieux cette espèce de barbarie
puérile et d'animalité sauvage dans lesquelles nous restons enlisés, que notre insouciance de l'action matérielle et spirituelle du passé sur nous-mêmes. Des êtres
sensés et supérieurs s'efforceraient de se
rendre compte d'où ils viennent pour essayer de démêler où ils se trouvent et où
ils vont.

XX

Inconscients à l'égard du passé, consi-
déré sous le rapport physique tout autant
que sous le rapport moral, nous cédons à
la sottise de l'orgueil et semblons persuadés que rien ne fut avant nous de digne
d'être ; nous paraissons croire que nous
seuls détenons la puissance et la vérité
dans le moment où nous séjournons sur
la terre qui n'attendait que nous pour être
à sa place dans l'infini.

XXI

Notre sottise nous prive du fruit de l'expérience des siècles et nous détourne des traditions essentielles et des principes indispensables à l'existence de l'homme en société ; car le sillon des ancêtres, patiemment et pieusement poursuivi, est l'unique chemin du bonheur et du progrès. Hors de là, le présent rompt avec le passé et s'interdit l'avenir: il aboutit à l'abîme.

XXII

S'il est absurbe à nous de négliger le passé, que dire de notre ignorance ou dédain du futur? En méconnaissant que le lendemain de la vie nous domine de son énigme, comme le ciel domine la terre, nous ressemblons à des coureurs qui voudraient ne pas tenir compte du but de la course.

XXIII

On pourrait invoquer les plus illustres penseurs, les plus célèbres écrivains, pour démontrer que l'intérêt de l'homme est de prendre en considération l'invincible instinct qui, dans tous les temps et sous tous les cieux, le porte à lever la tête vers l'infini et à soupçonner, lui, infime, que cette immensité n'est point sans effet sur sa destinée.

XXIV

L'homme est un animal religieux. Oui, mais pourquoi? Parce que la Nature le veut ainsi. Est-ce sans raison? Non, puisqu'elle est raisonnable et que ses immuables décisions ignorent le hasard. Quelle est donc sa raison, car, enfin, nous n'avons pas la possibilité de nous répandre en esprit à travers les profondeurs du ciel et, par le secours de la science ou de la foi, d'imaginer des calculs mathématiques ou des lois métaphysiques d'où nous déduisons, dans le premier cas, des hypothèses d'organisation des mondes, dans le second, des espérances de Justice et de Bien, sans que de tels dons et moyens accordés à notre intelligence n'aient un sens et un but? La raison de la Nature, dans cet appel mystérieux du ciel, duquel chaque être humain, si misérable qu'il soit, éprouve toujours, à un moment quelconque, la troublante influence, n'est-elle pas de nous persuader de la suprématie de l'invisible sur le visible, de l'esprit sur la matière, et du devoir supérieur de régler en conséquence nos pensées, nos actes, notre vie ?

XXV

Où est notre avantage? Est-ce d'écou-

ter ou de ne pas écouter la Nature ? De
l'écouter, assurément. Ecoutons-la. C'est
elle qui nous engage à nous occuper du
ciel. C'est elle qui met en nous ces impondérables auxquels nous obéissons ; ces
sentiments dont nous dépendons et qui
nous suggèrent que notre sort n'est point
limité à notre éphémère état de créature
de chair et d'os dans un monde inférieur.
C'est elle qui nous dit que nous ne relevons pas du visible, mais de l'invisible, et
qui nous enseigne qu'ici-bas tout ce que
nous croyons réel est, en fait, irréel et
conventionnel ; tout, du moins, de ce qui
nous semble primordial parmi les choses
que nous sommes le plus avides d'ac-
quérir.

XXVI

Nos biens, nos titres, nos honneurs, les
buts, en un mot, que l'ambition humaine
s'assigne dans sa lutte fratricide ne sont

que des mirages dont nous essayons de faire des réalités. Où donc alors est le réel, en dehors de ce qui n'est pas d'ordre matériel : le boire, le manger, le dormir, la satisfaction des sens ? Où donc se trouvent les véritables trésors que l'esprit peut posséder et qui ne sont point dans les vaines récompenses que se décernent entre eux les hommes, et les décevantes jouissances qu'ils se disputent ?

XXVII

Les vrais trésors ne sont pas sur terre. Ils existent dans ce domaine inconcevable et que les meilleurs d'entre nous cherchent toujours à concevoir, à définir, à figurer, à ramener à la mesure de nos entendements. Ils sont à la source de l'équité, de l'amour, de la lumière, dans ce monde mystérieux d'où nous sortons, où nous rentrons et dont la Nature prend soin de nous avertir.

XXVIII

La Nature ne trompe pas. Lorsque dans le paroxysme de la souffrance elle nous fait crier, d'instinct : « O mon Dieu ! » et nous rappelle ainsi qu'un Maître est au-dessus de nous, c'est qu'Il est et qu'avec Lui, hors de nous et du monde visible, se réalise l'œuvre de justice et de paix, interdite à la terre, lieu d'épreuves et d'efforts.

XXIX

Nous croyons vivre dans un milieu et des circonstances que nous nous flattons de définir ; mais nous n'apercevons pas l'essentiel. Nous vivons surtout dans l'invisible. La raison nous suggère la prudence et les lois pour notre sûreté au milieu du visible ; l'espérance et la religion pour notre sûreté au milieu de l'invisible.

XXX

L'impuissance où nous sommes de croire à l'éternité, si nous manquons de la foi qui, seule, peut la remplir, nous pousse à douter de l'immortalité de l'âme. Que ne réfléchissons-nous alors à la succession des états dont la vie terrestre est une manifestation certaine, qui ne peut se borner à elle-même? Si nous songions qu'il ne saurait pas plus y avoir de fin totale qu'il n'y a de génération spontanée, nous croirions à notre âme et à son immortalité.

XXXI

Rien ne vient de rien et ne va à rien. L'esprit, étincelle d'un foyer éternel et sacré, doit traverser et animer la matière en prenant conscience de lui-même, de degré en degré, ou descendre insensiblement dans le néant. Ainsi se comprend l'ascension vers le bien appelée Paradis, et la chûte dans le mal appelée Enfer. Ainsi s'expliquent et s'unifient les théologies qu'apparente un même espoir en un Créateur immuable et juste, une même idée de récompense et de punition. Ces sentiments sont si forts qu'ils sont la racine même de la raison. Sans eux nous ne pouvons être en harmonie avec la création, et tendre à la lumière. Eux seuls nous révèlent que la vie n'est qu'un passage qui nous mène à la mort, seuil du Nombre, du Temps, de l'Espace et de Dieu.

XI

Respectons ce qui nous domine.

I

Dieu étant, comment le concevoir?

Comme nos pères. C'est le plus simple et le meilleur. Pourquoi renier leur idéal ? Nous héritons d'eux. Repousser. de leur héritage ce qui fut divin à leurs yeux et qu'ils nous enseignèrent, est une ingratitude, une injure, un sacrilège.

— A ce compte, objecteront les gens superstitieux et qui croient au progrès, nous en serions encore à l'âge de pierre.

— N'exagérons rien. Nous entendons par « nos pères » les hommes dont les mo-

numents et les œuvres constituent notre
patrimoine. Que les choses se transfor-
ment, du moins dans les apparences et certaines utilisations, cela va de soi. Mais
c'est le travail du temps et d'une évolution
naturelle, non de l'insouciance, de la vanité, du mépris, de la haine, et de tous
les bas sentiments.

II

Repousser et détruire le passé d'une
main brutale et impie, est un crime qui
tient du parricide. L'accueillir, le continuer pieusement est, au contraire, un acte
filial.

III

L'immanente justice ne saurait nous laisser refuser ou dilapider le plus précieux
des biens accordés à l'homme sans nous

châtier de ce forfait. De quoi s'agit-il ?
D'un héritage moral. Aucun n'a plus de
prix. Nous sommes incapables d'ajouter
un mot, un sentiment, une pensée, à ce
trésor d'amour et de sagesse.

IV

Est-ce que tout n'a pas été dit ? Est-ce
que dans le seul domaine des civilisations
dont nous sortons : la grecque et la latine,
l'homme n'est pas allé aussi loin dans son
élan vers le ciel que nous pouvons aller :

V

Nos facultés spéculatives n'étant nulle-
meut accrues par le temps, nous n'avons
rien à dédaigner des aspirations idéales de
ceux qui nous ont précédés, et nous ne
pouvons qu'être victimes d'une absurde et
hostile négligence à l'égard des institutions

inspirées du divin, qui ont fait le monde organisé où nous avons vu le jour et dont nous devons être les continuateurs et non les démolisseurs.

VI

Pourquoi nier? Nous n'avons jamais aucune bonne raison de ne pas croire en Dieu, à l'exemple de nos pères. Les motifs de la négation ou du doute ne peuvent être honorables, et ils ne sont salutaires ni à nous-mêmes ni aux autres. Ils nuisent à notre bonheur.

VII

Que dit l'homme sans croyance et qui s'efforce cependant d'être honnête et bon, oubliant, du reste, qu'ainsi se manifeste en lui un instinct supérieur qu'il saccage, hélas! pour sa perte, en ne voulant pas le pousser jusqu'à ses conséquences ? Il dit : « Ah ! ceux qui croient sont bien heureux ! » En effet, c'est une inestimable fortune de posséder la foi, et d'agrandir la terre de l'immensité du ciel.

— Mais, observent les athées bienveillants, du haut de leur supériorité souriante : il faut avoir la Grâce ! »

Eh ! oui, la Grâce, ou, pour parler humainement, la vertu qui la contient et lui permet de s'affirmer : l'humilité.

VIII

Le point de départ de la sagesse et de l'idéal religieux, et des bienfaits qui en découlent, n'est que dans l'humilité. Ramenant l'homme, mis en face du mystère divin, au sentiment de sa misère et de son incapacité, elle lui inspire, dans l'ignorance et la pauvreté, la foi du charbonnier ; dans le savoir et la richesse, l'attention nécessaire au secret de sa destinée.

Il n'est pas de plus grave et de plus complexe problème et, pourtant, nul n'est moins étudié par la majorité des êtres qui se targuent d'une certaine science et auraient le temps et les moyens de l'approfondir. La religion n'attire qu'un petit nombre. Elle gênerait.

IX

On vit sur des simulacres, sur des impressions d'enfance, sur des usages et des convenances. Parmi ceux, d'ailleurs, qui professent un culte, combien peu règlent leur vie sur leur croyance ?

X

Malgré l'hypocrisie et la négligence des hommes, malgré les fautes commises au préjudice de l'idée religieuse par des ministres, souvent plus près de la terre que

du ciel, la foi subsiste, invincible, tantôt
cachée, tantôt éclatante, au cours des âges
et des événements. Elle subsiste au point
que la question religieuse est au fond de
tout.

XI

Lorsqu'on étudie de près notre société
matérialiste, ennemie déclarée du divin,
on voit qu'elle s'est plus occupée du ciel
que de n'importe quel autre sujet. Mais ce
ne fut que pour essayer de substituer aux
étoiles les lampions des parades et kermes-
ses politiques. Pauvre société qui rêve du
progrès, et en est encore à patauger au
plus épais du bourbier matérialiste !

XII

Si l'on ne devait, dans des réflexions qui
ne peuvent avoir d'autre intérêt — si petit

soit-il — que de garder un caractère personnel, éviter, le plus possible, le secours toujours trop aisé des citations, ce serait un piquant exercice que de ramener le rationalisme, le positivisme, le matérialisme à leurs principaux dogmes, et d'en montrer les résultats sur la société moderne. Les plaies d'Egypte furent moins néfastes.

XIII

La haine, le désespoir, la misère, la faim, la guerre civile et militaire ont été de nos jours, — comme dans tous les temps — les fruits de la divinisation de l'homme par l'homme, et de l'oubli de l'instinctif espoir en Dieu, base providentielle de toute religion. Notre époque a vécu de négation au risque d'en mourir.

XIV

Nous pourrions remonter plus haut que l'antiquité classique afin d'établir la vétusté de ce matérialisme, que notre ignorance et notre orgueil croient nouveau, et qui date de la première sottise et lâcheté humaines.

Prenons seulement, pour l'époque latine, la fameuse affirmation de Lucrèce : *Primus in orbe deos fecit timor…* Parole de poète! Si génial soit le penseur du *De Naturâ Rerum,* Epicure assombri que le suicide guette, il est soumis à la commune loi : sa raison tourne court, quand il veut s'interdire l'infini et river l'homme au sol. Que la crainte ait enfanté les premiers dieux dans l'univers, c'est possible. Mais pourquoi cette crainte au cœur de l'homme? Voilà ce qu'il faut considérer ! Les successeurs et disciples de Lucrèce, partageant le même aveuglement, ne s'en sont pas avisés. Choisissons, pour l'époque moderne, l'illustre David Hume, si prestigieux au regard de nos Encyclopédistes. Il professait que « les hommes ont eux-mêmes affirmé l'idée de Dieu en donnant une étendue illimitée aux qualités de sagesse et de bienfaisance qu'ils ont remarquées en eux-mêmes. » Brillante parole de prince du scepticisme, mais rien de plus creux. Car, enfin, là encore, le penseur ne va pas plus loin dans l'infini que la hauteur de l'être humain.

XV

Pourquoi, comment, dans quel but « ces qualités de sagesse et de bienfaisance » qui sont en nous ? Par l'effet de quel prodige pouvons-nous leur donner « une étendue illimitée » jusqu'à en « former l'idée de Dieu ? » Hume déduit de cela que Dieu n'est qu'une invention humaine, une pure illusion. Singulière logique ! Les autres instincts que la nature a mis en nous tendent-ils donc à des irréalités ? Si nous sommes portés à nous défendre, est-ce que par hasard le danger n'existe point ? A posséder, est-ce que la propriété nous est interdite ? Et nous serions enclins à craindre et à concevoir Dieu, parce qu'il ne serait qu'un mythe ! La Nature et ses instincts seraient vérité pour tout ce qui ne déplaît pas au plus vaniteux des animaux, Sa Majesté l'Homme, et mensonge à l'endroit d'une intelligence et d'une puissance supérieure aux sceptiques, matérialistes et athées ? Etrange ! Vraiment étrange !

Voilà pourtant comment raisonnent les plus illustres négateurs du divin et de l'âme.

XVI

Outre sa faiblesse, le reniement matérialiste, d'une désolante monotonie à travers les siècles, (car sa stérilité le condamne à se répéter), offre à l'impartial examen, des infériorités que l'esprit le moins cultivé peut vérifier par lui-même. Ainsi, on ne saurait dire et soutenir que ne pas croire est un droit. Nous avons notre libre arbitre ; usons-en ; mais qui croira et prouvera que c'est un devoir ? Qui osera prétendre que le doute et la négation ne sont pas des maux qui, étendus de l'individu à la collectivité, déchainent des fléaux ? L'histoire le démontre : le doute et la négation engendrent le mal et la destruction.

XVII

Moins les hommes ont de croyance, plus ils sont malveillants et s'entre-déchirent.

Ils s'entre-déchirent fatalement, parce que l'athée pratique la plus basse et la plus décevante des superstitions : il croit en l'homme. Il y croit, juste le temps d'apprendre à le mépriser et à le haïr. Pour l'estimer et l'aimer, il faut le voir à travers Dieu, et fait à son image. Ce n'est pas, toutefois, une raison pour que certains hommes se figurent que Dieu est tel qu'ils sont.

XVIII

Que de différences, non seulement entre les croyances, mais, dans les croyances, entre les croyants.

XIX

Quoiqu'il n'y ait qu'un chemin, de nos yeux au ciel, nous sommes placés loin de la Puissance divine dans une diversité de lieu et de moment, encore que, pour l'Eternel, tout, dans la création, doive apparaître au même plan, puisque, par sa nature même, il est à la fois l'Espace et le Temps. Il est tout et dans tout. Mystère

écrasant et sous lequel notre raison plie.
De là, les religions qui mettent à la portée
de notre espérance le Souverain de l'immensité.

XX

Croyant, d'instinct, en Dieu, nous l'ex-
pliquons par le secours d'une théologie.
Il n'y a pas de loi sans code. Il est la loi,
le culte est le code; et nous avons divers
cultes, parce que les religions sont les
nationalités des âmes.

XXI

Nous comptons sur la terre plusieurs
religions; et il y a plus de races que de religions. Les hommes restent divisés dans
l'ordre matériel, et tendent à se réunir
dans l'ordre spirituel. N'est-ce pas la promesse d'une fusion dans l'au-delà, suivant

nos efforts et nos mérites, qui s'égalisent devant Dieu? Quoiqu'il en soit, c'est aller contre la Nature, dans son ordre idéal, que de ne pas être d'une religion.

XXII

On est d'un sol et d'une race ; on est aussi d'un ciel et d'une croyance. La création le veut; mais, tout en étant d'un culte, il importe de ne point manquer d'égards aux autres cultes. Un livre a, dit-on, deux auteurs : celui qui l'a fait, et celui qui le lit. Une doctrine aussi a deux auteurs : celui qui l'a créée, et celui qui l'interprète.

XXIII

Chacun de nous peut s'adapter à une doctrine, la pratiquer et la défendre ; mais, par nous et pour nous, elle ne vaut que ce que nous valons.

XXIV

Les choses n'existent que suivant la manière dont nous les concevons. Tel se fait d'une religion l'idée la plus fausse, aussi bien en y croyant qu'en n'y croyant pas.

XXV

De toute façon, n'est-il pas sage, puisque si peu de nous ont le loisir d'approfondir le problème divin, de l'accepter dans ses effets indéniables — la tendresse de l'amour, la beauté du sacrifice, la loi morale des familles et des individus, l'unification des consciences, la source d'idéal, — et de considérer les cultes et les rites avec la même soumission et amitié que tant d'autres gestes de la vie courante, par exemple les honneurs que nous

nous prodiguons réciproquement, et de rendre à Dieu les marques de respect, qui sont autant d'exemples et de manifestations d'une utile portée sur les autres et sur nous-mêmes?

— Vous en parlez à vote aise, Monsieur. Pensez-vous qu'un homme libre puisse, sans s'avilir, s'incliner devant les dogmes? Je ne crois rien au-delà de ce que ma raison ne peut m'expliquer.

— Ne discutons pas. L'entente serait impossible. Vous placez la question sur le terrain personnel. Vous la prenez par le plus petit côté, celui de votre *moi* ; quand il s'agit seulement de ce qui est général.

XXVI

Lorsque nous disons « l'homme a intérèt à croire et à suivre la religion de ses ancètres, » nous le prenons dans son entité. L'homme, c'est tous les hommes. Ce n'est·pas Pierre ou Paul : c'est l'humanité. Libre à Pierre ou Paul d'être fermé aux raisons naturelles d'appartenir à un culte et de s'y conformer. La vie et la mort le mettront à la raison. Nous ne le suivrons pas dans une discussion sur les dogmes. Elle ne nous mènerait à rien.

XXVII

Les dogmes sont des barrières imposées aux égarements de notre intelligence par une sagesse inspirée, qui, prévenue de tant de mystères que nous ne pouvons pénétrer, a voulu nous avertir du péril que présente une exploration téméraire du ciel. Elle limite notre champ d'investigations par des obstacles symboliques et mystiques, inexplicables à notre esprit dans son état terrestre. Cela est fort bien.

XXVIII

Il suffit de savoir que la foi fait confiance à ce que nous ne voyons pas et ne savons point, c'est-à-dire presque tout, et que la négation fait confiance à ce que nous voyons et croyons savoir, c'est-à-dire presque rien. De quel côté est notre avantage? Avec la foi ou la négation? Avec la foi.

XXIX

Nous sommes secourus, dans notre misère naturelle, par cette douceur de promesse, cette splendeur d'espérance, qui ne se trouvent que dans les religions. Dieu est le nom suprême que nous donnons à l'espoir et à la reconnaissance, c'est-à-dire aux sentiments qui nous haussent le plus sur l'échelle des êtres.

XXX

Le dogme est quelque chose que M. Homais n'admettra jamais. Soit! Il nous est indifférent de ne pas être de l'avis de M. Homais. Et si nous considérons, par exemple, la confession, puisque nous appartenons à la religion chrétienne et catholique, nous n'en verrons que le caractère consolateur et sacré. Il se peut qu'on y trouve autre chose. C'est affaire de tempérament. Les uns cherchent à vivre sur les cîmes, les autres plus bas.

XXXI

L'homme qui reçoit la confession d'un autre homme lui dit: « Sortons, vous et moi, du présent et de nous-mêmes. Efforçons-nous de nous absorber en Dieu et dans l'infini. Nous ne sommes pas d'une époque, d'une race, d'une famille; nous participons du mystère éternel de la création et de la vie des âmes. Rien de terrestre ne nous rassemble. Vous êtes le Repentir et je suis la Compassion. Le mal et les faiblesses humaines vont ici s'adresser à la Pitié. Que sont nos misérables personnes dans un débat entre d'éternelles entités? Vous n'avez point à me connaître, et je n'ai point à me souvenir. Peu vous importe qui je suis, et il est superflu que je sache qui vous êtes. Vous vous appelez la Faute, et je m'appelle le Pardon.

Est-il quelque chose de plus sublime et qui atteste mieux qu'en dehors de toute considération matérielle, une vie exclusivement spirituelle nous est promise? En ce moment même nous la vivons sur terre, et ce bref instant suffit à nous rendre plus purs et meilleurs... »

XXXII

Est-ce que la confession, bien comprise, n'est pas un dogme magnifique et propre à nous faire du bien?

— Mais elle n'est pas ainsi.

— Qu'en savez-vous? Il ne tient qu'à vous, du reste. Et puis, tout arrive. Il suffit que, parfois, elle ait sa beauté pour qu'elle procède de Dieu même.

— Les prêtres sont des hommes...

— Et après? Est-ce qu'un soldat qui déserte détruit le drapeau? Est-ce qu'un professeur ignorant supprime la science? Est-ce qu'un magistrat prévaricateur tue la justice?

XXXIII

Tout un monde moral nous domine que nos faiblesses et nos vices nous poussent

éternellement à renier, à trahir. N'empê-
che que le plus haut degré mène à Dieu.
Et nous, fils de la civilisation chrétienne,
forts de la parole et de l'œuvre du Christ,
nous sommes persuadés d'être sur ce plus
haut degré, car tout est hiérarchie sur
terre, et les religions ont leur ascension.

XXXIV

Le christianisme est au sommet des religions, témoin son action ici-bas, et tout ce
que nous avons fait en son nom. Il nous
a pétris, nous qui nous flattons d'être les
plus éclairés des hommes. Pensez-en ce
que vous voudrez : il est divin ou humain.
S'il est divin, vous ne pouvez imaginer
mieux et l'anéantir. S'il est humain, votre
incapacité est presque aussi absolue, car
vous ne disposez pas des conditions d'époque et de lieu qui permirent sa naissance
et son établissement. Tout ce que vous
concevrez pour le concurrencer et l'abattre,

restera dans les limites d'une incrédulité
de région ou de parti, et ne sera qu'éphémère. Sans compter que d'autres conceptions, rivales de la vôtre, ne manqueront
pas de nuire à celle-ci avant de nuire au
christianisme, plus ancien et plus solide.
Elles passeront, d'ailleurs, bien vite, ainsi
que votre propre invention.

XXXV

Il ne se crée pas de religions nouvelles et
durables. Celles-la seules subsistent, qui
ont des racines dans le passé. A bien regarder, elles semblent avoir été fondées dans
un but défini, par une volonté autre que
celle de l'homme, pour construire un
monde moral, composé de forces diverses,
soumises à une même puissance, et d'une
nature respectivement appropriée à leurs
fonctions terrestres, comme, dans l'ordre
céleste, les astres du système auquel appartient ce bas monde et qui, tout en dépen-

dant les uns des autres, habitent diverses étendues des espaces et gravitent obligatoirement autour du soleil.

XII

Finale.

I

L'homme et la société, pris spécialement sur la partie de la terre qui consti-
tue la France moderne, ont vécu dans le
désordre et l'erreur pour avoir négligé les
vues élevées de la Nature. Cédant à un
mouvement révolutionnaire, généreux en
principe, mais souillé par l'écume du bouil-
lonnement social, la France s'est débattue
entre les chimères de ses rêves et les réalités de la vie.

II

Plus d'autorité, plus de famille, plus
d'armée, plus de patrie et, sur tout cela,
plus de Dieu, c'est-à-dire plus de serments,
plus de lien, plus de frein, plus d'idéal.
Voilà ce que, de notre temps, un siècle
après la mort de Louis XVI, nous avons
pu entendre jusque dans les conseils du
gouvernement.

III

Nous avons vu notre pays témoigner
d'un goût pervers de s'abaisser et se détruire, qui fait penser à quelque fatalité
pesant sur lui et le poussant aux abîmes.

IV

Pendant que l'ignorance, l'erreur et

l'intrigue, installés au pouvoir, commettaient les fautes et les crimes les plus nuisibles à la collectivité nationale, trop crédule et légère, mais, au fond, enthousiaste, sensible, courageuse, une minorité attachée aux traditions essentielles, les conservait pour en assurer le salut.

V

Brutalement menacée d'esclavage, de ruine et de destruction, la France a entendu la voix de ceux de ses enfants qui n'avaient point cessé de croire à la famille, à la patrie, à Dieu, et l'héroïsme et l'honneur ont refleuri dans le sang et les flammes, entre les foyers détruits, à travers le pays en deuil, sous le ciel mystérieux.

VI

La folie d'un régime qui, en temps de

paix, soutenait l'alcool et attaquait la religion, et qui, en temps de guerre, s'est trouvé obligé de soutenir la religion et d'attaquer l'alcool, est apparue aux yeux les plus obstinément fermés à la lumière des faits. Ce régime, basé sur un suffrage qui n'a d'universel que le nom, était contraint, de par l'effet même de son mensonge initial et de sa violation des institutions naturelles, à ne vivre que d'illusions et de duperies. Il doit en être autrement désormais.

VII

Tout est à refaire en France, en conformité des instincts raisonnables qui, seul, permettent à l'homme son développement normal dans une société normale. Ces instincts, nous les avons définis, nous efforçant de présenter des vérités d'expérience trop souvent méconnues. Reste à savoir si la société française rentrera, en temps de paix, dans les vues de la Nature, et se dégagera de son penchant à vivre en Utopie, par excès d'imagination et d'individualisme.

VIII

Est-ce que de nouveaux Français vont sortir de la fournaise guerrière? Est-ce que les survivants des combats seront assez trempés de vaillance et de réalité, assez nombreux aussi pour ramener leur patrie vers ses anciennes et illustres destinées, à la tête des nations, par le goût de l'ordre, l'esprit d'entreprise et la grandeur des conceptions? Il n'est pas permis d'en douter si, assuré d'une éternelle et invisible justice, on sait que les sacrifices imposés à l'homme ont des causes et des effets que pèse un Juge caché. Le hasard, ici, n'a point de part.

IX

Ne nous mésestimons plus ; ayons confiance en notre race ; espérons-la renouvelée, purifiée, après l'épreuve du sacrifice et de la souffrance qui lui a été imposée dans le dessein de la sauver, puisqu'elle était en train de se perdre. Il est inadmissible que les Français de demain soient semblables à ceux d'hier.

X

L'homme varie selon le temps et, dans le temps, selon les heures.

XI

Le temps n'est plus de nous abandonner à des sots ou des intrigants, et d'être gouvernés en dépit du sens commun. Revivons des heures dignes de notre grand passé. Fini de rêver. Il faut *penser*, — ou périr.

Senlis, 1918-1919.

Table des Chapitres.

I. — Préliminaire   1

II. — Toute la question sociale est d'accorder la Société et la Nature   5

III. — N'avons-nous pas perdu la raison?. .   39

IV. — Chimères, erreurs et fautes dont nous
sommes victimes   59

V. — Un Régime anti-naturel ne peut être
qu'anti-social.   77

VI. — Mauvais par les hommes, le Régime
aboutit à des partis exécrables. . .   99

VII. — La seule base sur laquelle bâtir . . .   111

VIII. — Le mariage, unique assise individuelle, familiale et sociale.   119

IX. — Songeons à ce que nous sommes . .   147

X. — Pensons à ce qui nous environne . .   171

XI. — Respectons ce qui nous domine. . .   193

VIII. — Finale.   219

Imprimerie Générale de Châtillon-sur-Seine. — Euvrard-Pichat.